LONGE DO NINHO

daniela arbex

LONGE
DO NINHO

Uma investigação do incêndio que
deu fim ao sonho de dez jovens
promessas do Flamengo de se tornarem
ídolos no país do futebol

intrínseca

Copyright © 2024 by Daniela Arbex

Preparação Manoela Sawitzki
Revisão Eduardo Carneiro e Kathia Ferreira
Checagem Rosana Agrella da Silveira
Capa, projeto gráfico e diagramação Angelo Bottino
Ilustrações de capa Airá Ocrespo

Todos os esforços foram feitos para rastrear os detentores dos direitos autorais. O editor pede desculpas por quaisquer erros ou omissões e ficaria grato se notificado de eventuais correções que devam ser incorporadas em futuras reimpressões ou edições deste livro.

CIP-BRASIL. CATALOGAÇÃO NA PUBLICAÇÃO
SINDICATO NACIONAL DOS EDITORES DE LIVROS, RJ

A694L

Arbex, Daniela, 1973-
    Longe do ninho / Daniela Arbex. - 1. ed. - Rio de Janeiro : Intrinseca, 2024.
    il. ; 23 cm.

    ISBN 978-85-510-0896-6

    1. Clube de Regatas do Flamengo - Acidentes - Rio de Janeiro (RJ). 2. Acidentes - Futebol - Rio de Janeiro (RJ). 3. Reportagens e repórteres. 4. Vítimas de acidentes. 5. Acidente - Investigação - Clube de Regatas do Flamengo. I. Título.

23-87277
CDD: 796.334098153
CDU: 796.332(815.3)

Gabriela Faray Ferreira Lopes - Bibliotecária - CRB-7/6643
29/11/2023   04/12/2023

[2024]
Todos os direitos desta edição reservados à
Editora Intrínseca Ltda.
Av. das Américas, 500, bloco 12, sala 303
22640-904 - Barra da Tijuca
Rio de Janeiro - RJ
Tel./Fax: (21) 3206-7400
www.intrinseca.com.br

Prefácio, por Tino Marcos 9

1
UMA VEZ FLAMENGO
13

2
SEXTA-FEIRA NÃO É UM BOM DIA
45

3
CADÊ MEU FILHO?
65

4
LONGE DO NINHO
93

5
FLAMENGO ATÉ MORRER
121

6
A LISTA
147

7
DE VOLTA PARA CASA
169

8
"LIMPEM O PÉ ANTES DE ENTRAR"
189

9
AUTORIAS COLATERAIS
209

10
O PACTO
231

11
O MURO
249

12
DÉCIMO SEGUNDO
261

Posfácio: "Arritmia literária" 281

Personagens 290

Agradecimentos 303

Para eles

"Jogar no Flamengo
pode ser qualquer coisa,
menos comum."

— Cauan Emanuel, sobrevivente da tragédia
do Ninho do Urubu

Prefácio

Mesmo quando os cortejos de Mário Jorge com Alcina viraram namoro, ele não se atrevia a contar o que fazia na vida. Até que um irmão de Alcina, fã de futebol, descobriu a atividade do pretendente. Os pais da moça, então, a proibiram de se encontrar e de atender os telefonemas de Mário.

Ele era ponta-esquerda do Flamengo naquele início dos anos 1950. E, para muita gente, ser jogador de futebol era coisa de malandro. Com paciência e habilidade, Mário Jorge contornou o preconceito, conseguiu se casar com Alcina e, juntos, tiveram cinco filhos.

Mário Jorge Lobo Zagallo, o amor de Alcina, viria a se tornar o único ser humano a conquistar quatro títulos mundiais no futebol — dois como jogador, outro como treinador e mais um como coordenador da Seleção.

Sete décadas depois, esse panorama mudou muito. Hoje, um menino bom de bola, com potencial para chegar a um grande clube, é visto como o avesso do jovem Zagallo: em geral, ele é A joia da família. Ainda que pouquíssimos alcancem fama e fortuna, a chance de ascensão social fascina crianças e contagia pais e parentes.

O clube que revelou Zagallo — e também formou Zico, entre tantos — tem um lema: "Craque, o Flamengo faz em casa". Quem não quer ir para lá? Quantos pais e mães resistem a um convite para que seu menino passe a morar no alojamento do clube mais rico e popular do Brasil?

Quando o inferno começou a se alastrar naquela manhã nos alojamentos do Ninho do Urubu em grandes labaredas, convicções e esperanças foram cruelmente derretidas e a comoção com a perda dos dez adolescentes alcançou o mundo todo. Mas, como outras tragédias, o impacto foi aos poucos se perdendo, diante de tantas outras mazelas do nosso violento cotidiano.

Daí a importância da publicação deste livro para trazer luz, investigação e pormenores sobre aquele terrível 8 de fevereiro de 2019. Um bem exemplar para a sociedade. Daniela Arbex é pesquisadora incansável e consegue ser cirúrgica, clara e precisa — e com impressionante sensibilidade, livre de qualquer desvio piegas.

A maneira como Daniela conduz o roteiro é de tirar o fôlego. E presta definitiva homenagem aos meninos que deixaram seus ninhos para a aventura incerta da bola. Daniela, que também é mãe de adolescente, teve força e coragem para mergulhar no oceano de saudades dos parentes que ficaram.

★

Vivi quatro décadas lidando com futebol. E, confesso, mostrando grandes conquistas, jogadores milionários, vitoriosos, glamour. O jornalismo esportivo alimenta esse universo de sonho. E nos incentiva a dizer, em algum momento da infância: "Ah, quero ser jogador! Vou melhorar a vida da minha mãe, da minha avó…".

Nossa indústria funciona em larga escala. Somos os maiores exportadores de jogadores profissionais de futebol do planeta. Em busca do paraíso, meninos enfrentam condições piores e até mais arriscadas que os meninos do Ninho.

Desde os tempos em que os meninos eram só o orgulho dos amigos e parentes, os garotos promissores do Flamengo, até a reconstrução entre as famílias do que foi arruinado, Daniela revela que pode ser possível, a partir de um exercício de resistência entre os que ficaram, criar novas conexões com o futuro.

Uma obra como *Longe do ninho* deveria ser leitura obrigatória para quem faz as leis e para quem as fiscaliza, além de ser também imperdível como peça literária.

— **Tino Marcos**, *jornalista esportivo, cobriu a Seleção Brasileira de Futebol por mais de trinta anos*

1
Uma vez Flamengo

O sol já tinha se levantado quando o telefone tocou na casa da rua João Polato Neto. Rosana correu para atender, mas teve dificuldades para encontrar o celular na bolsa de couro caramelo. Até abrir o fecho e localizar o aparelho em uma das repartições, quem ligou já havia desistido da chamada. Como o número era desconhecido, ela não se preocupou em retornar a ligação. Continuou os afazeres domésticos, que pareciam intermináveis. Além de cuidar do quarto e sala construído nos fundos da casa da mãe, em Limeira, município industrial do interior de São Paulo, ela era chefe de família, realidade em um país onde mais da metade dos lares é sustentada por mulheres. Separada do marido havia mais de uma década, Rosana tinha três filhos, um deles cadeirante. Agora, aos 49 anos, também era responsável pela mãe, que já apresentava os primeiros sinais da doença de Alzheimer.

Com o pequeno salário que ganhava como funcionária da lavanderia da Santa Casa — trabalhava no turno da noite —, Rosana se desdobrava para dar conta das múltiplas tarefas que havia assumido, muitas delas sem escolha. Opção, aliás, era substantivo que ela desconhecia. Nunca fez o que realmente desejava, apenas o que lhe era imposto pela vida. Desde pequena, queria seguir a carreira militar, porém, à medida que crescia, mais distante ficava dos bancos da escola. Para os pais dela, cortadores de cana-de-açúcar que mal sabiam ler e escrever o próprio nome e tinham as mãos ocupadas com facão, o estudo era um luxo dispensável. Por isso, aos 12 anos, Rosana já trabalhava como ajudante de cozinha. Aos 16, conseguiu emprego de soldadora em uma fábrica de bijuterias. Em seguida, engrossou a estatística da gravidez na adolescência. Aos 20 anos, se viu com uma criança nos braços para criar. Mas a maternidade trouxe um afeto que nunca experimentara. Por isso se apegou tanto ao papel de mãe. Ela, que não pôde realizar seus sonhos, faria de tudo para que os filhos conquistassem os deles.

— Esse número é da dona Rosana? — perguntou, por telefone, a pessoa que havia tentado falar com ela mais cedo.

— Sim — respondeu a mulher sem reconhecer a voz do outro lado da linha. — Quem está falando?

— Aqui é Júlio, da loja Stilo. Estou ligando pra dizer que a encomenda da senhora ficou pronta.

Ela suspirou. Se ele tivesse ligado quatro dias antes, daria tempo de entregar o pacote diretamente ao dono. O jeito era ir buscar a mercadoria e despachar pelo correio, afinal, tratava-se de uma questão de saúde. Rosana prendeu os cabelos, calçou as Havaianas, vestiu a blusa branca listrada e a saia jeans na altura do joelho que costumava usar para sair. Andou rápido em direção à rua Treze de Maio, onde ficava a ótica. A fachada verde da Stilo a destacava das outras lojas do ramo.

Atencioso, Júlio repassou o pedido com a cliente. Junto do estojo das lentes de contato, que haviam custado 400 reais — quase um terço do salário de Rosana —, o proprietário colocou dois frascos de soro e o receituário médico da Santa Casa Saúde assinado por um oftalmologista do convênio oferecido pelo hospital em que ela trabalhava. O homem embalou a compra com plástico-bolha e a entregou à consumidora.

Rosana, então, seguiu a pé para a agência central dos Correios da rua Tiradentes. Contratou um serviço de entrega rápida e ajeitou, com cuidado, a encomenda embalada pelo dono da ótica dentro da caixa de Sedex. Em seguida, pediu uma caneta para escrever o endereço.

— Preencha aqui — apontou o funcionário.

Com a caneta nas mãos, ela leu em voz alta.

— Remetente. Sou eu, né?

— Sim, a senhora.

Ela, então, começou a redigir:

Rosana de Souza
Rua João Polato Neto
Limeira/ SP

— Agora, coloca o destinatário — explicou o agente. — O nome de quem vai receber a encomenda.

— Tá.

>   Rykelmo de Souza Viana
>   Estrada dos Bandeirantes, nº 25997
>   Clube Regatas do Flamengo
>   Rio de Janeiro/RJ

O homem pegou a caixa amarela com logotipo azul, pesou a mercadoria e passou uma fita adesiva transparente em volta do pacote de 380 gramas. Marcou um X no campo do aviso de recebimento (AR), que permite a comprovação da entrega, e carimbou a data: 7 de fevereiro de 2019.

Quando saiu da agência na manhã daquela quinta-feira, Rosana suspirou aliviada. Finalmente, o filho de 16 anos, jogador do futebol de base do Flamengo, ia enxergar melhor o mundo que o rodeava. Com quatro graus de astigmatismo no olho esquerdo e dois no direito, o volante do Rubro-Negro vinha se queixando. Nada, porém, que o fizesse perder a bola de vista. Vencera o 8º Hamdan International Football Championship, disputado em Dubai, nos Emirados Árabes, em 2018, quando integrou o time sub-16 do Flamengo. A vitória histórica em cima do Real Madrid fora selada nos pênaltis. Um ano antes, Rykelmo havia ajudado o time sub-15 a conquistar o bicampeonato da Copa Votorantim. Conhecia de trás para a frente o caminho que levava ao gol.

Como já havia adiado a ida ao oftalmologista outras vezes, ele não escapou da consulta durante as férias de janeiro de 2019. Saiu do consultório médico com a receita nas mãos.

A primeira tentativa de experimentar um par na loja, ainda em Limeira, não dera certo. Impaciente, o atleta ficou nervoso e prometeu a Rosana que se esforçaria para se adaptar às lentes assim que chegassem ao Centro de Treinamento de Futebol Presidente George Helal (CT), popularmente conhecido como Ninho do Urubu, na Zona Oeste do Rio de Janeiro.

"Filho, acabei de mandar as suas lentes. O correio deve entregar até amanhã cedo", escreveu Rosana no aplicativo de mensagens do celular. Ele respondeu com uma figurinha. Mais tarde, quando voltasse para o alojamento da base, conversaria com a mãe, como fazia todas as noites.

Rykelmo havia se reapresentado ao Flamengo três dias antes. O retorno, entretanto, fora marcado por uma baita confusão. Tinha viajado de Limeira para Campinas na tarde do domingo, dia 3 de fevereiro, a fim de pegar o voo da Gol para o Rio de Janeiro, mas perdeu o embarque.

— Não se preocupa, "Preto", às vezes não era pra você ir — consolou a mãe, que sempre o acompanhava até o Aeroporto Internacional de Viracopos.

Ambos tinham sido levados de carro a Campinas, onde fica o aeroporto, por Miguel, tio do jogador. Um padrinho do atleta emprestou o próprio veículo para a viagem.

— Mãe, a senhora está certa, mas é o Flamengo, né?

Rykelmo sabia o tamanho da responsabilidade que havia assumido. E tinha noção do que representava para um jogador tão jovem quanto ele vestir a camisa 5 do maior clube do Brasil. Desde os 6 anos de idade, quando começou no futebol, o menino batizado pelo pai com o nome do craque argentino

Riquelme, que jogava no Boca Juniors, sonhava com a carreira nos gramados. Já tinha passado pelo Grêmio e atuado pela Portuguesa Santista, time onde foi destaque em 2016, mas nada se comparava com a honra de defender a camisa do clube que somava mais de 40 milhões de torcedores. Por isso ele fez questão de telefonar, do aeroporto, para seu supervisor no Flamengo e alertá-lo sobre o que havia acontecido.

Ainda no saguão do Viracopos, o adolescente checou, pelo aplicativo do celular, o horário dos ônibus que partiriam de Limeira em direção à Cidade Maravilhosa naquele domingo.

— Mãe, tem um ônibus saindo às dez da noite. Só tem três assentos disponíveis — avisou.

— Segura a passagem, a gente passa o cartão — autorizou Rosana, mesmo sabendo que a compra do bilhete seria mais um rombo no seu já limitado orçamento doméstico.

Os 300 reais líquidos repassados mensalmente pelo Flamengo por meio de uma bolsa aprendizagem eram insuficientes para cobrir os gastos do garoto. Embora morassem no CT e o clube arcasse com as despesas relativas a educação, saúde e alimentação dos jogadores, os extras, que incluíam a compra das chuteiras, ficavam por conta das famílias dos atletas. As de marca nunca saíam por menos de 400 reais. Geralmente, Rykelmo gastava mais de uma por semestre. A última que ele havia encomendado pela internet — vermelha com detalhes em preto, na qual mandou bordar o nome dos pais em letras douradas — já tinha sido aposentada. Sem o cravo na sola, uma das travas que ajudam a manter a aderência ao solo, o calçado perdera a utilidade.

De volta a Limeira naquele domingo, o adolescente seguiu para o conjunto residencial Victor D'Andrea, a fim de esperar o horário da partida do ônibus. Eram 9h30 da noite quando saiu novamente de casa com Rosana. Dessa vez, ela o acompanharia até a rodoviária.

— Mãe, 2019 será o meu ano. Faz seu passaporte que a senhora vai viajar comigo.

— Filho, você sabe que a mãe tem medo de avião.

— Para com isso, mãe. É a mesma coisa que andar de carro. Não, pensando bem, é melhor, porque não tem buraco.

Ela riu.

— Um dia, vamos morar em Dubai — prometeu o jovem.

Rosana sentia-se abençoada. Rykelmo, o filho do meio, era o pilar daquela família. Mesmo sendo treze anos mais novo do que a irmã Camila, de 29 anos, cuja deficiência física a tornara cem por cento dependente de cuidados, e apenas quatro anos mais velho do que Natália, a caçula do clã, de 12 anos, o jogador era visto como o "homem da casa". Para a mãe e as irmãs, ele simbolizava a esperança de dias melhores. Testemunhar a alegria estampada no rosto do garoto confortava o coração de Rosana.

— Mãe, o ônibus chegou. Preciso ir — disse ele, despedindo-se rápido. — Tchau, fica com Deus.

Rosana, que esperava na plataforma, abençoou seu menino. Mas quando Rykelmo subiu os degraus do veículo, ela sentiu vontade de mantê-lo junto de si. "Vai lá e abraça seu filho. Pode ser a última vez", pensou, sem conseguir sair do lugar.

No ônibus, o atleta foi até a janela e lembrou a mãe da proximidade do aniversário dele. Em poucos dias, faria 17 anos e tinha planos para comemorar a data com um churrasco em família.

— Dia 26, tô de volta pra minha festa — avisou.

Rosana assentiu com a cabeça. Esperou o veículo ir embora para deixar a rodoviária. O relógio marcava 22h05.

Quinhentos e cinquenta quilômetros separavam o município paulista do Rio de Janeiro. Se não tivesse perdido o voo naquela tarde, Rykelmo já estaria no CT. O jeito era se conformar com a situação e tentar dormir na poltrona desconfortável do ônibus, para se esquecer das horas de viagem.

No Paraná, naquele mesmo horário, outros quatro jogadores embarcavam em uma van em direção ao CT: Gedson, Gasparin e Naydjel, com 14 anos, além de Gabriel, 15. Assim como o limeirense, eles enfrentariam um longo percurso: 840 quilômetros até o Ninho do Urubu. Do grupo, apenas Gabriel ainda estava em fase de testes no Rubro-Negro.

Os quatro atletas embarcaram no Trieste, um centro de excelência em futebol localizado em Curitiba. A previsão era de que chegariam ao Rio na segunda-feira até o horário do almoço. Os adolescentes viajaram acompanhados de Léo Stival, filho do diretor do time amador do bairro de Santa Felicidade. Desde abril de 2018, o Trieste, que antes mantinha um convênio com o Athletico Paranaense, se tornou um recrutador de talentos do Flamengo. Nos nove meses seguintes, conseguiu emplacar grandes promessas nas categorias de base do principal clube carioca.

Gedinho era a mais recente delas. Fora aprovado para o Flamengo cerca de quinze dias antes, quando jogava uma partida em Curitiba. Dos quatro jogadores que seguiam juntos para a capital fluminense, ele era o único que ainda não conhecia o Ninho do Urubu. Apesar da pouca idade, já podia ser considerado um jogador experiente. Tinha somente 11 anos quando saiu pela primeira vez de Itararé, cidade paulista com 50 mil habitantes, para ser avaliado no Paraná. Estava acompanhado do pai, de quem herdara o nome.

— Cadê o Gedinho? — perguntou Teresa ao ver o marido voltar para casa sozinho.

— Ele ficou lá no Trieste — respondeu Gedson em voz baixa.

A mãe de Gedinho desabou. Ela e o marido não conseguiram dormir à noite. Nenhum dos dois estava preparado para ficar longe de uma criança de 11 anos. No primeiro dia em que acordou sem o filho em casa, Teresa foi para o mercado, onde trabalhava como operadora de caixa, com os olhos inchados de tanto chorar. Gedson, que era empregado de uma transportadora, estava de folga, mas também não aguentou ficar na residência. Ele tinha apenas 22 anos quando Gedinho nasceu. Ela, 24 anos. O primogênito era tudo para o casal. Sem saber se tinha feito a coisa certa ao deixar o filho em Curitiba, Gedson saiu pelas ruas da pequena Itararé procurando o rosto dele em todas as crianças que encontrou pelo caminho.

— Pai, o senhor vai receber um e-mail importante. Não vou contar o que é, mas garanto que terá uma surpresa — adiantou o jogador, três anos depois, quando já estava em Curitiba.

Gedson já desconfiava que o filho passara no teste para atuar no Flamengo. Embora tivesse muito receio da violência no Rio, ele e a mulher estavam mais preparados do que anos atrás para enfrentar a distância de Gedinho. O filho alcançara os 14 anos e, apesar de ser só um adolescente, estava cada vez mais dedicado ao sonho de ser reconhecido como um grande jogador, mesmo sendo considerado de estatura baixa para o esporte que havia escolhido: media pouco mais de 1,50 metro.

A altura, porém, nunca o atrapalhara. Chegou a ser apelidado de Mini Messi e até de Novo Messi pela torcida do Trieste Futebol Clube. A comparação do garoto com o atacante argentino, que fez história por seus dribles com o pé esquerdo, era recorrente, em função da habilidade do pequeno brasileiro com a *pelota*. Dentro de campo, Gedinho surpreendia com sua rapidez na armação das jogadas e na troca de passes. No Trieste, impressionara todos certa vez ao dominar a bola com a canhota e, do meio do campo, marcar um gol improvável — a bola bateu na trave e entrou.

Dias antes da viagem para o Rio, o adolescente viu o pai mais uma vez cuidar das roupas que iria levar. Gedson era quem passava as roupas da família. Teresa colocava tudo dobradinho na mala — inclusive o conjunto de moletom que o filho jamais usaria no verão carioca. "Mas e se esfriasse?", pensava a mãe. Sentado no chão da sala de casa — erguida nos fundos do terreno da avó paterna —, Gedinho observava os pais. Juntos, eles e o caçula Geraldo, de apenas 3 anos, formavam um belo time.

— Irmão, que loucura, vamos juntos pro Flamengo — disse Gabriel a Gedinho assim que se acomodaram na van.

Gedinho, que havia deixado Itararé no sábado em direção a Curitiba para se reunir ao grupo de jogadores, comemorou com um soquinho nas mãos do amigo.

Gabriel morava em Franca, na região nordeste do estado de São Paulo. Na cidade conhecida como "a capital nacional do calçado", os pais do atleta, Ricardo e Tatiana, trabalhavam com pesponto de bolsas. A pequena confecção era responsável pelo sustento da família. Ciente da luta dos pais, o jovem queria proporcionar uma vida melhor aos seus por meio do futebol.

A primeira experiência em campo fora no Botafogo de São José do Rio Preto. Ricardo, no entanto, não conseguiu manter o filho treinando no clube que ficava a 223 quilômetros de distância de casa. Sem idade para morar no alojamento — tinha menos de 14 anos —, o lateral-direito precisava viajar diariamente para Rio Preto. Mesmo revezando o custo do deslocamento com o pai de outro jogador, o gasto diário com a viagem impactava diretamente o orçamento doméstico. O rendimento escolar de Gabriel também era uma preocupação. Por isso os testes no Flamengo significavam tanto para ele. Vestir o manto vermelho e preto era o primeiro passe para a vida que desejava ter.

Naydjel também estava confiante com o futuro no futebol. O menino batizado pelo pai gremista com o nome do ex-campeão mundial da Fórmula 1 Nigel Mansell — com a grafia abrasileirada pelo pai, que adorava a letra y — foi escolhido para jogar nas categorias de base do Flamengo aos 13 anos. Ao contrário de Gabriel e Gedinho, ele não somava passagens por outros clubes. Jogador de futsal, o volante do Paraná com ascendência alemã ficara em treinamento no Trieste de Curitiba por três meses antes de fazer o primeiro teste no Rubro-Negro.

A estreia no Rio, entretanto, não foi tão tranquila quanto ele imaginara. Quando desembarcou na capital fluminense pela primeira vez, em novembro de 2018, Naydjel experimentou um choque de realidade com as contradições que o esperavam ali. Diferentemente do que imaginava, o maior destino turístico internacional do Brasil não era só feito de belezas.

Ao desembarcar do ônibus e seguir de van para Vargem Grande, bairro onde se hospedaria em uma casa de apoio mantida pelo clube do Trieste, Naydjel se deparou com um trânsito frenético, viadutos pichados e a infraestrutura precária das casas erguidas em comunidades. Segundo dados do Censo de 2010, 22% da população do Rio residia em uma das 763 favelas do município. Juntas somavam 1.393.314 de habitantes, 25 vezes mais do que o número de moradores da pequena Marechal Cândido Rondon.

— Naydjel, você está treinando bem. Se continuar no mesmo ritmo, a aprovação no Flamengo já é quase certa — apostou um dos caça-talentos do Trieste em 2018.

Sem conseguir controlar a ansiedade, ele telefonou para casa.

— Mãe — sussurrou por telefone —, soube agora que se eu mandar bem no treino de amanhã, vou passar.

Dito e feito. No dia seguinte, ao deixar o campo do Flamengo uniformizado com a camisa nas cores azul e dourado — uma versão semelhante à do uniforme usado pelo clube carioca no início da sua história —, Naydjel foi fotografado.

A imagem que anunciava a aprovação no time foi enviada para a promotora de vendas Carla e o técnico em refrigeração Nilson, pais do atleta, e repostada nas redes sociais por toda a família para comemorar a conquista.

Por isso, começar 2019 alojado no Ninho do Urubu significava tanto para o adolescente. No interior da van que levava Naydjel, Gabriel e Gedinho, o clima era de descontração.

— Piás — disse o paranaense —, se lembram de quando eu fui escalado para marcar o Gedinho no Trieste? Quando eu vi ele pela primeira vez, pensei na hora: esse "anão"? Nu, vai ser moleza. Só que não. O cara me deu um drible, que eu estou procurando por ele até hoje — contou Naydjel.

Todos riram, emendando um assunto no outro.

— O Beno já deve ter chegado ao CT — comentou Gedinho durante a viagem, referindo-se a outra cria do Trieste: o goleiro Bernardo.

Bernardo, de 14 anos, chegou ao Ninho do Urubu no domingo à noite. Nascido em Indaial, município de Santa Catarina colonizado por alemães, ele havia viajado de avião para o Rio. Jogador do Flamengo desde julho de 2018, o atleta também retornava ao clube após as férias de verão. Era a primeira vez, porém, que se apresentava no CT sem a companhia do pai.

Funcionário de uma empresa de beneficiamento de arroz no Sul do país, Darlei, 49 anos, sempre fez questão de levar o filho pessoalmente à capital fluminense. Naquele domingo, porém, um primo que trabalhava no Rio se ofereceu para acompanhá-lo até Vargem Grande. Por isso Darlei e a esposa,

Lêda, professora da rede municipal de ensino, também de 49 anos, se despediram do caçula no Aeroporto Internacional de Navegantes, localizado a 72 quilômetros de Indaial.

Quando Bernardo foi para o Flamengo pela primeira vez, a família do jogador preparou uma festa de despedida inusitada, surpreendendo até o homenageado. Todos os parentes do goleiro, inclusive o pai — torcedor do rival Fluminense —, vestiram a camisa vermelha e preta, um sacrifício para quem, como Darlei, era um fiel defensor do clube das Laranjeiras.

O jornalista Mário Filho, um dos maiores cronistas esportivos do Brasil, dizia que a devoção de um torcedor de futebol ao seu clube é igual ou maior do que o amor romântico, quase um casamento, feito para durar a vida toda ou até que Deus separe. "É mais difícil deixar de amar um clube do que uma mulher", defendia o homem nascido em 1908, cujas ideias eram afinadas com a cultura da época em que vivera.

Darlei entendia das duas coisas: estabilidade de um longo casamento e devoção ao time do coração. O certo é que, naquele caso, o uso da camisa do Flamengo por um torcedor do Fluminense não podia ser considerado traição.

No saguão do aeroporto de Navegantes, seis meses depois, Lêda e o marido abraçaram o filho. Com a bolsa do Flamengo a tiracolo, Bernardo foi um dos últimos a entrar na sala de embarque. Antes, beijou os pais. Felizmente, ninguém chorou dessa vez.

— Beno, a mãe te ama — disse a professora.

— Também amo vocês — repetiu o filho, que chamava atenção pela altura: 1,82 metro.

No avião, ele se recordou da primeira vez que viajou em direção ao Ninho. Na ocasião, o jogador também ocupou um assento na janela. Ao sobrevoar o Rio, se impressionou com as milhares de luzes acesas.

— Cara, olha quanta casa tem lá embaixo — disse o pai, que estava ao lado. — Será que lá não tem um garoto melhor que você? Então veja a oportunidade que tu estás tendo.

O atleta tinha plena consciência disso. Não à toa, passou a maior parte das férias de janeiro de 2019 trabalhando com Elton John, um experiente preparador de goleiros que nascera na Bahia, mas se radicara no Sul do Brasil. O profissional tinha sido contratado por Darlei. A boa condição financeira da família permitia o investimento na carreira do adolescente. O maior sonho de Bernardo era ser convocado para a Seleção Brasileira.

— Darlei, esse guri é diferente. É impressionante como continua focado em treinar em plenas férias, nesse verãozão de janeiro! Debaixo do gol, ele se transforma em outra pessoa. Fecha tudo, embora tenha só 14 anos — elogiou Elton.

O pai de Bernardo confiava nas habilidades do garoto. Por isso, ao precisar de dinheiro para bancar a permanência do jogador fora de Santa Catarina, não hesitou em abrir mão de seu hobby, os *rallies*. Vendeu o jipe Troller que usava para disputar competições e usou o pagamento para impulsionar o sonho do filho. Antes de entrar para o Flamengo, o goleiro mudou-se para o Paraná, a fim de defender as categorias de base do Athletico. A conquista de uma vaga no Rubro-Negro paranaense, aos 12 anos de idade, confirmava que, na casa dos

Manzke e Pisetta, o futebol nunca foi encarado como brincadeira de criança.

— Tu vai ser goleiro igual ao vô — disse Horst Eralfo Manzke, maravilhado ao ver o guri que mal sabia andar catar a bola pela primeira vez.

Ferramenteiro profissional, o patriarca dos Manzke jogou no time amador de Indaial por uma década. Goleiro do tradicional XV de Outubro, o avô foi quem alimentou a paixão de Bernardo pelo esporte.

Muito alto para os seus 6 anos de idade, Bernardo era completamente desengonçado. E como ninguém queria jogar no gol, o garoto não teve dificuldades para convencer Marinho, o treinador da escolinha particular de futebol que frequentava, a deixá-lo ocupar o lugar entre as traves. Para surpresa de todos, o atleta mirim fechou o gol, sendo eleito, por sucessivas vezes, o goleiro menos vazado dos campeonatos regionais que passou a disputar. Ele se apaixonou pela função para alegria do avô, que, naquele ano de 2019, completaria 79 anos.

— Pra ser goleiro, tem que ter intimidade com a bola — ensinava ao neto.

Bernardo não pensou duas vezes: passou a dormir com ela.

— E aí? — cumprimentou Gasparin ao encontrar Bernardo no refeitório do CT naquela quinta-feira, 7 de fevereiro.

Gasparin conheceu o goleiro em Curitiba, no Clube de Santa Felicidade. O atleta curitibano jogava no Trieste desde os

8 anos de idade. Aos 13, ele foi aprovado pelo Flamengo junto com Naydjel e apenas alguns meses após Bernardo. No entanto, era a primeira vez que ficava alojado no Ninho do Urubu.

O primeiro contato com os módulos habitacionais destinados à base foi um pouco decepcionante. Em vez de os jogadores serem encaminhados para o Centro de Treinamento 1 (CT 1) — a estrutura seria colocada à disposição das categorias de base a partir de 2019 —, eles foram levados para alojamentos em contêineres semelhantes aos disponibilizados em anos anteriores. A caixa com estrutura de aço, instalada em 2017 no local projetado como estacionamento, tinha capacidade para até 36 atletas distribuídos em seis quartos. Cada dormitório contava com três beliches de madeira. Havia ainda quatro banheiros com quatro pias que ficavam localizadas no corredor da área de convivência. Ao todo, o alojamento media 131,76 metros quadrados, o equivalente a um espaço de 3,66 metros quadrados por jogador.

Ao se reapresentarem ao time, os adolescentes tinham a expectativa de ir direto para o CT 1, uma edificação com status de hotel, concluída pelo Flamengo em 2016, que hospedou a equipe profissional durante dois anos. Essas instalações haviam custado 15 milhões de reais ao clube e deveriam ser ocupadas pelo futebol de base após a conclusão das obras do novo centro de treinamento do módulo profissional, inaugurado em 30 de novembro de 2018.

Depois de vencerem o torneio Florida Cup, realizado entre os dias 10 e 12 de janeiro de 2019, nos Estados Unidos, os astros do time profissional do Flamengo retornaram ao Brasil, passando a desfrutar o conforto do Centro de Treinamento 2

(CT 2), no qual vinte novas instalações foram construídas para abrigar até 48 atletas. O espaço somava 5.500 metros quadrados, o equivalente a 114,58 metros quadrados por jogador, 31 vezes mais do que os atletas da categoria de base dispunham. Com arquitetura imponente e espelho d'água iluminado de vermelho, além de um parque aquático, o novo centro de treinamento (CT 2) havia custado 23 milhões de reais ao clube e era considerado não só um dos mais modernos do país, como também um dos melhores do mundo.

— Estão dizendo que, na próxima segunda, a gente deve se mudar para o antigo hotel dos *profi* — comemorou Bernardo com outros atletas da base.

De fato, aquela era uma boa notícia em uma semana que começara em marcha lenta. Embora os adolescentes tivessem chegado ao CT com fome de bola, os primeiros dias estavam sendo dedicados à realização de avaliações físicas e treinos de mobilidade, uma espécie de aquecimento para a dura rotina que passariam a enfrentar com o retorno das aulas — a escola funcionava no próprio Ninho do Urubu — e a volta ao campo, onde disputariam uma vaga no time titular de cada categoria.

Sorte de Rykelmo, o jogador de Limeira. Com um pouco mais de tempo livre — a chuva no Rio também provocara o cancelamento de treinos —, ele teria o fim de semana para se adaptar às lentes de contato que a mãe havia acabado de despachar pelo correio. A previsão era de que chegassem ao CT no dia seguinte, sexta-feira.

★

— Irmão, o que você tem? — perguntou Gabriel para Gedinho após o almoço.

— Nada, não — respondeu o amigo.

— Desde que a gente chegou ao Rio, eu tô te achando meio pra baixo. Se abre comigo — insistiu Gabriel, percebendo uma energia diferente no jogador.

— Eu estou tranquilo — respondeu o menino de Itararé.

Gabriel continuou de olho no amigo. Notou que ele ainda não tinha conseguido se entrosar e entendia o motivo. Diferentemente deles, vários atletas da base do Flamengo jogavam juntos havia muitos anos. Construir uma relação de amizade, como a que o Mini Messi mantinha com os companheiros do Athletico Paranaense, onde jogou por um ano após passar pelo Trieste, levaria tempo.

Gabriel estava certo. Alguns jogadores se relacionavam desde a infância, bem antes de jogarem no Rubro-Negro. Era o caso do goleiro Christian e do lateral Samuel Rosa, ambos com 15 anos. Nascidos no subúrbio do Rio, os dois se conheceram no Madureira Esporte Clube, quando estavam com apenas 8 anos e estrearam entre os fraldinhas, a primeira categoria do futsal.

Natural de São João de Meriti, município da Baixada Fluminense, Samuel começou a treinar influenciado pelo tio Miltinho. A família pobre do beco da rua Congo acreditava que o filho de Cristina tinha nascido com "problema de nervo". Pelo menos foi o que ela disse ter ouvido do médico, no Hospital do Morrinho, ao sair da maternidade com Samuel nos braços. Mesmo sem um diagnóstico oficial, os parentes quiseram "tratá-lo" por conta própria, elegendo o futebol como remédio. Sebastião, irmão de Cristina que trabalhava na Companhia Municipal de Limpeza Urbana do Rio (Comlurb), foi quem tirou Samuel do projeto social de Miltinho e o levou para jogar no Pavunense aos 6 anos de idade. Durante uma peneira de futebol — partidas organizadas por clubes ou por seus representantes para avaliação de aspirantes a jogadores —, ele foi visto por olheiros do Madureira, clube no qual a amizade com Christian começou.

Também morador da Baixada, Christian era o caçula de Andreia, uma capixaba que do Espírito Santo só tem a certidão de nascimento. Residente na rua Araruama, no Jardim Noia, ela engravidou de Júnior, o primeiro filho, aos 17 anos, quando ainda namorava Cristiano, vendedor autônomo que chegou a atuar em times da terceira divisão do Rio, mas nunca obteve dinheiro com o futebol. Christian nasceu três anos depois. Júnior, o mais velho, até começou a jogar, mas desistiu no meio do caminho. Foi o caçula quem realmente desejou seguir carreira com a bola.

Quando Christian deu os primeiros sinais de interesse pelo futebol, o pai iniciou a saga de quem sonha chegar ao topo da pirâmide: ir de escolinha em escolinha até o filho ser visto por um clube ou conseguir uma oportunidade de realizar testes para esses times. Sem dinheiro para levar o garoto aos treinos, o pai do jogador chegou a pular o muro da estação de trem com ele para alcançar a plataforma sem ter que comprar os bilhetes.

Foi assim que o menino passou pelo futsal do Vasco, do Marabu e do Madureira. A mãe de Christian dizia que o garoto nascera com duas pernas esquerdas. De fato, ele chutava mal, mas, por sorte, tinha fascínio pelo gol. Além de catar bem, adorava atuar como goleiro.

No Madureira, Samuel Rosa e Christian — que, por falar como o Cebolinha da Turma da Mônica, sofria *bullying* — se tornaram melhores amigos. Eles compartilhavam a dificuldade financeira enfrentada pelas respectivas famílias — a falta de dinheiro para o transporte era rotina — e o amor por um esporte que poderia mudar a vida deles. Juntos, era mais fácil lidar com as as adversidades do futebol que, ainda que seja o esporte mais popular, é profundamente seletivo. Não por acaso, o termo "peneira" acompanha os aspirantes a ídolo desde as primeiras jogadas.

— Tia, eu tô sem dinheiro pra pagar o BRT hoje — avisou o goleiro para Cristina, mãe de Samuel.

Ela também costumava levar os dois aos treinos.

— Sua mãe me disse que mandou, Christian. Tu gastou com o quê?

— Perdi.

— Perdeu nada, garoto abençoado! Você gastou com bobagem. Comprou Guaraviton e salgado — divertiu-se Cristina.

Sem recursos para pagar o bilhete dos dois, ela era obrigada a se virar. Evangélica, sempre pedia licença a Jesus na hora de pregar uma mentirinha:

— Moço, eu estou com um problema seríssimo. Esse daqui é meu sobrinho, que perdeu o dinheiro da passagem.

— De novo? Toda semana ele perde o dinheiro — retrucou o funcionário do BRT.

Eles riam.

Os dois atletas tinham apenas 10 anos quando viajaram para Portugal, a fim de disputar o Mundialito, maior torneio de futebol infantil do mundo. Sem recurso para acompanhar os filhos, Andreia e Cristina sofreram muito para deixá-los partir na companhia de adultos que elas mal conheciam. Para ambas as famílias, fora difícil comprar roupas que os meninos não tinham, como casacos de nylon e calças jeans. Christian levou duas peças de cada, além de cuecas novas. Esqueceu a metade do novo guarda-roupa no sul da Europa.

— Filho, não vai pra Portugal — pediu a mãe, chorando, no saguão do Aeroporto do Galeão.

— Andreia, para com isso. Deixa o menino ir — disse Cristiano.

O goleiro e Samuel Rosa entraram felizes no avião. Eles, que nunca tinham saído do subúrbio carioca, atravessariam o oceano Atlântico por causa do futebol. Só por isso já se sentiam vitoriosos. Da viagem, eles só não gostaram da "comida esquisita e desbotada" do país, referindo-se aos pratos da culinária portuguesa feitos à base de bacalhau.

— Que preto bonito! — disse a camareira do hotel em Portugal ao ver Samuel Rosa.

— Dona, minha mãe não me dá pra ninguém.

Ela deu uma gargalhada.

Quando os pais de Christian se separaram, foi Samuel quem deu apoio a ele.

— Cara, agarra essa bola direito. Não quero saber de você trazendo problema de família para dentro da quadra — alertou.

Do jeito delas, as duas crianças se esforçavam para cuidar uma da outra.

— Praga — disse Samuel ao beijar a cabeça do amigo no alojamento do Flamengo, depois de um dia de treino.

Os dois amigos ainda estavam matando as saudades um do outro. Não tinham se encontrado durante as férias, o que era raro. O goleiro passou a maior parte de janeiro na Granja Comary, em Teresópolis, por conta da sua terceira convocação para a Seleção Brasileira. "Muito obrigado, senhor. É sempre uma honra vestir a camisa da Seleção Brasileira", escreveu nas suas redes sociais ao tornar pública mais uma convocação. De volta ao CT, o uso da camisa verde e amarela não era o único assunto entre o grupo. Christian estava apaixonado.

— Tia, eu tenho uma surpresa: vou casar com a baronesa — avisou o adolescente, por telefone, ao fazer uma chamada de celular para Cristina do interior do alojamento.

— Tu para de assanhamento, garoto! Onde já se viu um adolescente de 15 anos querendo casar no auge da carreira?

Samuel, que escutava a conversa, também opinava.

— Que casar nada, irmão. Quando a gente voltar de Dubai — a disputa do Dubai International Championship pela categoria sub-16 estava marcada para abril —, nós vamos é consertar a casa das nossas mães.

Samuel Rosa tinha o sonho de melhorar as condições de vida da família, instalada numa casa de chão batido. Embora fosse ruim, ela era bem melhor do que o terreno cheio de cobras onde morara na infância, perto do presídio de Engenheiro Pedreira.

— Vou casar sim, tia. A senhora e o Samuel serão os padrinhos — avisou Christian, cuja língua presa o impedia de pronunciar o erre.

Cristina se despediu deles. Antes de desligar o celular, ainda conseguiu ouvir a gargalhada dos meninos. Jorge Eduardo também estava com eles.

Volante da categoria de base do Flamengo havia mais de três anos, o mineiro Jorge Eduardo, 15 anos, não teve dificuldades para ser aceito pelos dois amigos. Não demorou muito para que a dupla formasse um trio inseparável. De fato, Jorginho, como era chamado na base, tinha carisma. Além de bom de bola, ele se saía bem com a pipa e dava show nos passinhos de funk e de samba.

O menino de Além Paraíba, que começou a jogar no Calango e logo conseguiu uma vaga no Democrata Futebol Clube, chamava a atenção pela irreverência e pelo talento. Jogou pelo Spartano e pelo Duas Barras Futebol Club, acumulando troféus. Fluminense de coração, o atleta passou a defender o escudo do Flamengo com todas as forças desde que vestira a camisa rubro-negra, aos 12 anos. Além de capitão nas categorias de base do time, ele foi campeão carioca do sub-15 no fim de 2018.

Wanderlei, o pai, mecânico, não queria que o filho fosse morar no Rio. Além de ter que desembolsar 900 reais por mês para custear um quarto para ele — Jorge ainda não tinha a idade mínima de 14 anos para ficar no alojamento do clube —, ele não aceitava que o adolescente saísse de casa tão cedo. Foi a mãe, Alba, merendeira da rede municipal de Além Paraíba, quem decidiu apoiar o sonho de Jorge. Os dois eram cúmplices e, não à toa, ele chamava a mãe de "minha rainha". Gostava de tudo nela, principalmente da comida que fazia. O arroz com feijão e bife era imbatível.

Wanderlei morria de orgulho do filho, que usou a braçadeira de capitão do sub-15 comandando a vitória do Flamengo na Nike Premier Cup, realizada no Brasil em abril de 2018. A conquista classificou o time para a disputa do Mundial, que ocorreu na Áustria no mesmo ano. A equipe se consagrou como a quinta melhor do mundo na categoria. O mecânico, porém, nunca deu o braço a torcer, pelo menos na frente de Jorge. Durante as férias do atleta, tentava, sem sucesso, impedir o filho de bater bola com os amigos na cidade natal. Morria de medo de que ele se machucasse.

— Você está correndo um risco danado aqui. Se acontecer alguma coisa, eu vou ter que vender Além Paraíba, Sapucaia e até Volta Grande para pagar a multa que o Flamengo vai me cobrar se você quebrar alguma coisa.

Jorge sempre driblava o pai e, toda vez que chegava em casa, corria para jogar no campo do Democrata.

★

— Mais alguém quer ir pro Américas? — perguntou Naydjel à porta do alojamento.

Ele, Gasparin, Gabriel e outros adolescentes tinham combinado de sair do Ninho do Urubu, no fim da tarde daquela quinta-feira, para ir ao shopping no Recreio dos Bandeirantes.

Como estavam sem aula, receberam de Léo Stival, do Trieste, o convite para arejar a cabeça batendo perna no empreendimento, que contava com 240 lojas. Uma delas, no entanto, era a que mais despertava o interesse dos atletas da base: o BK, Burger King, a famosa loja da rede americana de *fast-food*.

— Você vai com os moleques? — perguntou Rykelmo para Samuel Barbosa, o atacante do Piauí radicado no Rio, que estava prestes a completar 17 anos, e de quem se tornou um grande amigo.

— Vou nada, Bolívia — disse, chamando Rykelmo pelo apelido. — Vamos lá pra casa hoje? Damos um rolé à noite e voltamos pro treino amanhã bem cedinho — convidou o jogador.

— Irmão, tá tranquilo. Hoje vou ficar aqui no CT — respondeu Rykelmo.

— Então vou ficar com você e amanhã vou pra casa — avisou o amigo.

Samuel Barbosa não queria deixar Rykelmo sozinho na primeira semana de reapresentação ao time. Natural de Teresina, o piauiense sabia quanto era difícil ficar longe da família. Apesar de ter se mudado para o Rio havia quase cinco anos — foi aprovado no Flamengo quando tinha 12 anos de idade —, o atacante ainda sentia muitas saudades de casa, principalmente da avó, Antônia, e da galinha ensopada que ela preparava, após matar e desossar a ave. Era dona Antônia quem apoiava o neto no futebol. Seu filho Washington, pai de Samuel, não queria que o garoto seguisse carreira no esporte. Embora gostasse de futebol e jogasse pelada nos fins de semana com os amigos, o pedreiro Washington sonhava para o menino um futuro com diploma. Não queria que o filho também tivesse poucas oportunidades de trabalho por falta de estudo.

Dona Antônia foi decisiva na vida de Samuel. Não só o criou com amor e mimos, como também escondia do próprio filho as saídas do neto para treinar futebol no terrão, um campo conhecido de Teresina. Quando a fase de disputar campeonatos começou, a dupla não conseguiu mais manter segredo. O jeito foi abrir o jogo com Washington. A oportunidade de o filho jogar no Flamengo surgiu logo, obrigando o pai a acompanhá-lo na viagem ao Rio. Incrédulo quanto à aprovação do filho, o pedreiro levou consigo apenas a mala de mão com poucas peças de roupa — mas nenhum dos dois voltou para o Piauí. Aprovado logo de cara, Samuel não retornou para casa nem para buscar o restante das roupas. O pai abandonou o emprego em Teresina para cuidar dele na capital carioca. A família foi dividida, e Washington teve que recomeçar do zero. Ficaram no Nordeste, a mãe de Samuel, Francisca, que trabalhava como doméstica, a irmã dele e o irmão mais velho, com quem dividia o quarto e as brincadeiras de bola de gude. Somente mais tarde, uma parte dos Barbosa se juntaria de novo.

★

Passava das nove horas da noite quando os garotos retornaram do shopping naquela quinta-feira, 7 de fevereiro. Mesmo tendo comido hambúrguer do BK, Naydjel topou encomendar açaí junto com Gedinho, Bernardo e Arthur, 14 anos, o zagueiro de Volta Redonda, no Rio de Janeiro, de quem ficaram amigos. O pedido foi feito no alojamento do Flamengo e entregue na portaria do CT, para onde os atletas foram correndo assim que chegou. Naydjel estranhou o açaí de Bernardo: tinha de tudo um pouco, M&M, Chocobom, fora as coberturas das quais ele nem sabia o nome.

— Eu gosto de açaí puro — disse, mostrando que só havia leite em pó no dele.

Como ainda estava em teste no clube, Gabriel não pôde ficar com os outros jogadores no contêiner. Estava hospedado em uma edificação de alvenaria próxima ao alojamento da base. O lugar era destinado ao acolhimento de meninos em trânsito no time. Por isso, tão logo terminou de tomar o açaí, ele se despediu dos amigos. Antes de se deitar, porém, o adolescente de Franca foi surpreendido com uma notícia: no dia seguinte, os atletas do sub-15 fariam um treino no estádio do Maracanã, o templo do futebol brasileiro, para testar o VAR.

O árbitro assistente de vídeo auxiliava o juiz de campo a tomar decisões por meio de câmeras espalhadas pelo estádio. No Brasil, a era VAR começara oficialmente em competições nacionais no segundo semestre de 2018. A estreia aconteceu no jogo entre Cruzeiro e Santos disputado na Vila Belmiro, pelas quartas de final da Copa do Brasil.

A notícia foi divulgada em primeira mão por Arthur.

"Amanhã treino no Maracanã", escreveu no Twitter.

Empolgado com a novidade, Gabriel enviou uma mensagem de WhatsApp para o celular de Gedinho.

"Irmão, você já soube? Amanhã à tarde, a gente vai treinar no Maraca. Acredita?"

"Nem fala. Aqui tá todo mundo empolgado", respondeu Gedinho, enviando em seguida uma nova mensagem de texto, dessa vez para Gedson:

"Pai, amanhã nós vamos treinar no Maracanã. Ksksksksksks. Testar o VAR", escreveu às 10h45 da noite.

Um minuto depois, Gedson respondeu.

"Não entendi."

"Árbitro de vídeoooooooooooo", explicou o garoto.

"Hummmmm. Manda notícias. E vai dormir. ☺☺☺"

"Tá bjs. Durma com DEUS. TE AMO."

"Durma com Deus também e até amanhã. TE AMO", disse o pai, encerrando a conversa às 10h49 da noite.

★

Ainda estava escuro quando o celular vibrou ao lado da cama de Eli Sidnei, 51 anos. Acordado pelo barulho do aparelho, o representante comercial de Curitiba levou um susto. Será que tinha perdido a hora para o trabalho? Ainda deitado, viu que o dia não havia clareado. Passava um pouco das cinco da manhã. Quem estaria chamando àquela hora? Apesar de o número ser desconhecido, ele decidiu atender.

— Pai?

Eli deu um pulo da cama. Era a voz de Gasparin.

— Filho?

— Pai, pai, está pegando fogo aqui!

2
Sexta-feira não é um bom dia

Gabriela Graça passou correndo pela portaria do Acrópole, prédio tradicional da rua Gustavo Sampaio, na Zona Sul do Rio. Eram 6h30 quando ela terminou de tomar o café com suplemento alimentar e deixou o apartamento do oitavo andar para alcançar a via pública. A pé, não gastou nem três minutos para chegar à avenida Atlântica e atravessar a pista em direção ao Posto 1. A beira da praia era o lugar onde sempre começava o dia. Por força do hábito, a triatleta de 45 anos iniciou o alongamento na ciclovia do calçadão antes de encarar os 8 quilômetros, entre ida e volta, da Pedra do Leme até o Forte de Copacabana. Exatamente nessa hora, o celular dela tocou. Geralmente, não atendia a chamadas no meio do treino, mas, ao visualizar o nome que apareceu no visor do aparelho, ela mudou de ideia.

— Gabriela, você tá sabendo o que aconteceu? — perguntou, aflita, a diretora do Departamento Geral de Polícia Técnico-Científica (DGPTC) do Rio, delegada Nádia Sad Abrahão.

— Não, doutora — respondeu.

— Então, pegou fogo na escola de atletas do Flamengo, parece que tem várias crianças mortas. Eu preciso de você — afirmou a chefe de Gabriela.

— O quê? Espera aí, doutora.

A triatleta, que atuava como legista do Instituto Médico Legal Afrânio Peixoto, precisou tomar fôlego para assimilar o que havia acabado de ouvir.

— Uma tragédia — disse a delegada, consternada.

— Eu tô indo agora pro IML — respondeu Gabriela, retornando apressada para casa.

Por um segundo, ela pensou que o telefonema de Nádia tivesse alguma relação com o ocorrido na Barragem de Brumadinho, em Minas Gerais. Fazia exatamente duas semanas que a Mina do Córrego do Feijão, da mineradora Vale, havia colapsado, matando 272 pessoas. Na ocasião, ela quis se voluntariar para ajudar a Polícia Civil de Belo Horizonte no trabalho de identificação das vítimas. No entanto, outra médica do IML, a vice-diretora Luciana Pires, foi em seu lugar. Como Gabriela estava na direção do instituto, não seria oportuno que ela se ausentasse da função naquele momento. Apesar da vontade de ajudar os colegas mineiros, a médica-legista não se sentiu confortável com a ideia de deixar o Rio. Agora toda a sua inquietação parecia fazer sentido.

De volta ao apartamento do Acrópole, Gabriela jogou a viseira que usava sobre a cama, tirou os tênis de corrida e substituiu a roupa de treino por um vestido estampado que estava dependurado no cabideiro de madeira da suíte. Mal teve tempo de falar com os filhos de 7 e 14 anos, que se arrumavam para ir à escola. Naquele 8 de fevereiro de 2019, as aulas já haviam começado para uma parte dos estudantes cariocas.

Minutos depois, ela dirigia rumo ao Centro, onde o IML está localizado. No caminho, pensou em maneiras de dividir o atendimento de rotina entre os plantonistas, para se dedicar exclusivamente ao trágico acontecimento. O IML da avenida Francisco Bicalho era referência para as Zonas Norte e Sul da capital e contava com trinta peritos legistas. Na prática, eram seis legistas de plantão para efetuar cerca de trinta necropsias diárias. Além de periciar as vítimas de mortes por causas violentas, os profissionais eram responsáveis pela realização de exames em pessoas vivas, geralmente indivíduos que haviam sofrido agressão ou abuso sexual. Em média, a equipe fazia 120 atendimentos por dia.

Embora não soubesse a dimensão exata do incêndio no Ninho do Urubu, Gabriela antevia a necessidade de instaurar o Procedimento Operacional Padrão para Identificação de Vítimas de Desastres (DVI), que, até aquele momento, só fora usado em Minas Gerais, no caso de Brumadinho. O treinamento para a implantação desse protocolo no Brasil tinha ocorrido três anos antes em função dos grandes eventos que estavam prestes a se realizarem no país, como a Rio 2016. Gabriela também havia acabado de concluir pós-graduação em Antropologia Forense, na Universidade Federal de São Paulo (Unifesp), cuja grade curricular incluía a formação em DVI.

Em metrópoles como o Rio, a implantação do protocolo era uma questão de tempo. Organizar o atendimento para receber os atletas mortos no incêndio no CT do Flamengo se tornou a prioridade número um em mais uma sexta-feira na qual o inimaginável aconteceu.

★

Eram sete horas da manhã quando Victor Satiro soube, pelo rádio do carro, que um incêndio tinha ocorrido no Centro de Treinamento do Flamengo. No momento em que ouviu a notícia, ele havia acabado de deixar o condomínio fechado onde morava, no Recreio dos Bandeirantes. Guiava em direção ao Centro do Rio. De plantão naquele dia, o perito criminal do Instituto de Criminalística Carlos Éboli (ICCE) já havia notado helicópteros sobrevoando a região desde o início da manhã. Agora compreendia melhor o que estava acontecendo em Vargem Grande. A princípio, especulava-se que o Centro de Treinamento do Flamengo tinha sido atingido por um incêndio de pequenas proporções. Como as informações chegavam desencontradas, ainda não se falava publicamente na existência de vítimas.

Em poucos minutos, porém, a dimensão da tragédia foi sendo desenhada ao vivo na televisão. Eram 7h17 quando o telejornal *Bom Dia Rio*, da TV Globo, abordou o caso pela primeira vez. O programa matutino repercutia as consequências do temporal que atingira a capital na noite de quarta-feira, causando a morte de seis pessoas, quando o repórter Guilherme Peixoto revelou ter visto fumaça saindo das instalações do Ninho do Urubu ao sobrevoar a área de helicóptero.

Ele também afirmou que o Corpo de Bombeiros tinha sido chamado no fim da madrugada para combater o fogo, que se alastrava em parte do local. O jornalista confirmou que os agentes ainda estavam por lá.

Às 7h28, apenas onze minutos após a primeira transmissão, o apresentador Flávio Fachel, da mesma emissora, informou que as chamas haviam matado dez pessoas. "O Rio de Janeiro tenta respirar [referindo-se aos estragos causados pelo temporal que provocou queda de encostas, soterrando um ônibus que trafegava pela avenida Niemeyer] e, no dia seguinte, tem mais uma tragédia. [...] É um início de sexta-feira que sacode a gente", lamentou o jornalista.

Àquela altura, os sites de notícia e outras emissoras já tinham começado a repercutir o incêndio. No entanto, ainda não havia divulgação em rede nacional. Com exceção do estado do Rio, o resto do país não sabia o que tinha acontecido de fato.

No instante em que o SporTV e a Record iniciaram suas transmissões, antes do previsto, o Brasil tomou ciência da tragédia no CT do Flamengo. Eram 7h56 quando a TV Globo anunciou, ao vivo, que três vítimas do incêndio tinham sido levadas, em estado grave, para o Hospital Municipal Lourenço Jorge, na Barra da Tijuca. As grades de programação da emissora e de outras redes de TV foram derrubadas para o acompanhamento em tempo real do que viria a ser a maior tragédia do esporte brasileiro após a queda do voo com o time da Chapecoense, ocorrida pouco mais de dois anos antes na Colômbia. Na ocasião, 71 pessoas morreram, entre elas, dezenove jogadores.

Naquele 8 de fevereiro de 2019, colunistas do telejornal *Bom Dia Brasil* encerraram o programa com um sentimento uníssono de desolação: "Sexta-feira não é um bom dia", disseram.

— Satiro, onde você está? — perguntou, por telefone, Liu Tsun Yaei, chefe do Serviço de Perícias de Engenharia do ICCE.

— A caminho do trabalho — respondeu.

— Quando chegar ao ICCE, pega a viatura e vai para o Ninho do Urubu — pediu Liu, avisando que já estava de saída para o local na companhia de Waldyr Oliveira, diretor do Instituto de Criminalística.

Com dez anos de Polícia Civil, Satiro fez exatamente o que fora combinado com Liu. Ao chegar ao prédio da rua Pedro I, se encontrou com Paulo Roberto, o motorista da viatura, e, juntos, seguiram em direção a Vargem Grande. O perito de 37 anos alcançou a portaria do CT antes das dez da manhã. Naquele horário, a bandeira do time já estava posicionada a meio mastro. A área tinha sido cercada por repórteres, familiares dos jogadores em busca de notícias e curiosos. Logo que cruzou a entrada, Satiro foi encaminhado para o local do desastre: o alojamento das categorias de base do clube. A cena diante dele impressionava. O contêiner onde jogadores de idades entre 14 e 17 anos dormiam estava completamente destruído.

Naquele instante, ele localizou Liu. O chefe da perícia aguardava a autorização do oficial do Corpo de Bombeiros para acessar os destroços, pois os militares ainda faziam o rescaldo do incêndio. Impactados, Satiro e Liu não trocaram uma palavra, apenas se entreolharam, antevendo a situação dramática que encontrariam pela frente. Junto deles estavam os peritos criminais Renato Bichara, Cesar S. Guimarães, Carlos Eduardo Mesquita e Amaro Coelho Júnior. O grupo estava acostumado a lidar com cenas dolorosas no dia a dia, mas nada se comparava à morte da esperança. Debaixo daqueles escombros havia o futuro. E ninguém está preparado para enterrar o futuro.

★

Após deixar o carro no estacionamento do IML, Gabriela entrou no prédio rapidamente. A legista queria evitar a abordagem da imprensa, já que ainda não tinha nenhuma informação sobre as vítimas. Apesar de o incêndio no Flamengo ser considerado um desastre fechado — o clube detinha uma lista com os nomes dos jogadores que haviam passado a noite no contêiner —, nenhuma afirmação a respeito da identidade dos garotos poderia ser divulgada sem a realização de exames.

Logo que chegou, a diretora do IML foi para o vestiário, onde colocou uma calça jeans e a camisa preta da corporação, um hábito de trabalho. O telefone dela não parava de tocar.

— Gabriela, o exame de DNA vai demorar quanto tempo? — questionou o primeiro secretário da Polícia Civil do Rio, Marcus Vinícius Braga.

Ela não tinha respostas. Como os corpos ainda não haviam chegado ao IML, a legista não fazia a mínima ideia de como estavam e por quais meios a identificação seria possível. Para se antecipar ao que estava por vir, Gabriela decidiu telefonar para a diretora do Instituto de Pesquisa e Perícia em

Genética Forense (IPPGF), Selma Sallenave. O IPPGF é o órgão de perícia em DNA da Polícia Civil do Rio.

— Selma, precisando de DNA, como é que vai ser?

— Gabriela, qualquer resultado de DNA é demorado, porque a gente tem que desmineralizar o osso, fazer a lâmina, colher o material genético da família. Fora a fila enorme de pessoas que estão esperando a análise de DNA nos processos criminais em andamento. Mesmo se pararmos com tudo que estamos fazendo, vai demorar, no mínimo, vinte dias.

— Caraca, socorro! — disse a legista.

Gabriela estava preocupada com uma questão legal. Ela sabia que se um sepultamento não ocorresse em até quinze dias, o enterro só seria possível mediante autorização judicial, uma burocracia que amplificaria o sofrimento das famílias dos atletas. Foi nessa hora que ela se deu conta de que os pais das vítimas ainda não tinham a mínima ideia de que seus filhos estavam mortos. O relógio estava correndo, e naquele momento só existiam dúvidas.

★

Quando o Corpo de Bombeiros finalizou o rescaldo do incêndio no Ninho do Urubu, os peritos criminais puderam finalmente acessar os destroços do alojamento. Os servidores públicos tinham como primeira tarefa o exame dos corpos dos jogadores das categorias de base, a fim de que pudessem ser liberados para o IML. Somente após essa análise, eles iniciariam a investigação sobre as causas do incêndio.

— Olha, tem uma quantidade significativa de vítimas aí — avisou o tenente-coronel do Corpo de Bombeiros, Douglas Henaut.

— Quantas? — perguntou Satiro.

— Dez. Elas estão principalmente naquela região — disse, apontando para o que fora a área de convivência do contêiner.

Ao se aproximar do ponto indicado pelo bombeiro, Satiro compreendeu a magnitude do ocorrido. Com ele e Liu, estavam outros peritos do ICCE que participariam da força-tarefa criada para buscar respostas sobre a tragédia.

— Isso vai despertar comoção nacional — disse Satiro.

A primeira preocupação da equipe era identificar a posição das vítimas para que isso ajudasse, mais tarde, a entender como o incêndio havia começado. Embora os painéis das divisórias dos quartos tivessem sido retirados pelos bombeiros, para que eles pudessem entrar na área e resfriá-la, os peritos se surpreenderam com a quantidade de calor que ainda existia ali. O fogo havia se iniciado por volta das 5h14 da manhã e, mais de quatro horas depois, a temperatura continuava muito elevada. A fusão de ligas ricas em alumínio indicava que os adolescentes sofreram exposição a, pelo menos, 600 graus Celsius.

Com as informações colhidas no local, eles descobriram que 24 jogadores dormiam no contêiner no instante em que o fogo começou. Outros dois atletas estavam em uma edificação de alvenaria vizinha ao alojamento. Apesar da proximidade, ela não foi atingida pelo incêndio. Catorze adolescentes tinham escapado das chamas que destruíram os seis dormitórios. Dez, porém, não conseguiram sair. E eram esses que precisavam ser encontrados pelos peritos do ICCE em meio aos escombros.

Inicialmente, os peritos notaram que as janelas do que foram os quartos dos atletas eram gradeadas. A utilização de grades em contêineres é corriqueira em canteiros de obras, geralmente por serem locais com pouca segurança e muita movimentação no período diurno. A adoção de modelo semelhante para fins de alojamento com pernoite era considerada, no mínimo, inadequada. Seguramente, as barras de alumínio dificultaram e até impediram a fuga dos garotos.

Junto às chapas de aço retorcidas, Satiro pôde ver as primeiras vítimas. Próximo a elas, havia pedaços de colchão, retalhos de roupas, materiais de higiene pessoal e calçados. Tudo estava carbonizado. Um objeto, entre tantos espalhados por ali, chamou a atenção do perito: uma Bíblia do Antigo Testamento parcialmente destruída. Estranhamente, o artigo religioso não havia sido reduzido a cinzas.

À medida que os cadáveres iam sendo localizados por entre os destroços, eles recebiam uma numeração. Para surpresa do perito, os corpos de números cinco e seis estavam enganchados. Aquela posição sugeria que um adolescente carregara o outro nas costas durante a tentativa de fuga do contêiner. Naquele gesto ímpar de amizade e, por que não dizer, de heroísmo, eles desfaleceram. Com o calor, acabaram se fundindo um no outro. Difícil não se emocionar com o simbolismo daquela cena na qual a afetividade vencera o medo da morte.

★

Enquanto esperava pela chegada dos corpos dos meninos do Ninho do Urubu, Gabriela foi surpreendida pela notícia de que uma chacina tinha ocorrido no Morro do Fallet-Fogueteiro, localizado na região de Santa Teresa, onde o controle do tráfico de drogas estava sendo disputado pelo Comando Vermelho. As mortes ocorreram às 9h30 da manhã, durante uma operação do Batalhão de Choque da Polícia Militar do Rio e do Batalhão de Operações Especiais.

— Gente, vamos organizar as coisas por aqui. Tudo que chegar ao plantão é de vocês. Deixa que eu vou resolver o resto — avisou Gabriela para a equipe do IML, decidida a assumir a responsabilidade na identificação dos corpos dos atletas do Flamengo, que só chegariam ao prédio no início da tarde.

Ela ainda não sabia que a operação no Fallet fizera quinze vítimas. Dessas, nove foram baleadas no interior de uma casa na rua Eliseu Visconti, um dos acessos à comunidade. Um imóvel sem nenhuma ligação com o crime organizado tivera 128 perfurações. Ao todo, 198 cartuchos de fuzil e pistola foram deflagrados no local. Quarenta tiros atingiram as vítimas do que viria a ser considerada a operação policial mais letal desde 2007, quando 19 pessoas foram assassinadas no Complexo do Alemão — nenhuma novidade em uma cidade que se tornara campeã em chacinas, principalmente as promovidas por agentes do Estado. Foram 1.534 registros em 2018, o que colocava o Rio de Janeiro em primeiro lugar entre os estados nos quais a polícia mais matara naquele ano. Na segunda posição, aparecia São Paulo, com 851 casos, seguido da Bahia com 794 casos e do Pará com 672 casos, conforme levantamento do Anuário

Brasileiro de Segurança Pública. A taxa de homicídios na capital fluminense chegava a 39,1 por 100 mil moradores, enquanto a média nacional era de 27,5 por 100 mil.

As mortes violentas eram rotina para os legistas do IML, e as megachacinas — termo que se refere a ações que resultam em oito mortes ou mais — faziam parte dos atendimentos. Com casos sucessivos de matança no Rio de Janeiro, um episódio desbancava o outro e, no fim, tudo se transformava em números. Na prática, a sociedade não lamentava as perdas, apenas a entrada precoce de jovens no mundo do crime. No país dos contrastes, a perda da inocência justificava o extermínio. E o tribunal da opinião pública já tinha um veredito: ao contrário dos meninos do Flamengo, os atingidos na chacina mereciam morrer.

Naquele 8 de fevereiro, havia pelo menos uma certeza para Gabriela: os acontecimentos seriam tratados um de cada vez.

★

No Ninho do Urubu, os peritos procuravam evidências que auxiliassem a investigação sobre a causa da morte dos dez atletas. Todos os corpos estavam carbonizados, mas o que se buscava esclarecer era se as queimaduras haviam provocado o óbito dos jogadores ou se eles morreram antes, por asfixia, em função da produção de gases tóxicos. Uma das evidências encontradas é de que houvera liberação de monóxido de carbono e de cianeto — este último em menor quantidade. Tratava-se dos mesmos gases liberados no incêndio da boate Kiss.

Em 27 de janeiro de 2013, 242 jovens morreram asfixiados na tragédia de Santa Maria, no Rio Grande do Sul. Outras 636 pessoas ficaram feridas.

No alojamento do Centro de Treinamento do Flamengo também chamou a atenção dos peritos a existência de painéis de vedação preenchidos com espuma de poliuretano flexível, semelhante à utilizada em colchões domésticos. O fato de estarem bem preservados sugeria maior resistência ao fogo. Mais tarde, porém, ainda no local do crime, a equipe localizou sobre o piso um painel removido do incêndio com uma espuma mais rígida, o que demonstrou que havia padrões diferentes de isolantes na estrutura do contêiner. Resíduos desse material foram encontrados na maior parte dos painéis identificados nos escombros, o que indicava a ausência de propriedades antichama nesses componentes. Esse fato, somado às características construtivas dos módulos habitacionais e ao número de colchões existentes no alojamento — 36 no total —, contribuiu para uma rápida propagação do fogo e para a formação do fenômeno de *flashover*, no qual grande parte dos materiais se inflama de forma simultânea. Trata-se de uma ignição súbita generalizada. Na prática, em apenas um minuto e 28 segundos, o fogo se alastrou. Além das chamas, a fumaça preta tomou conta do alojamento. Em seguida, ocorreram explosões.

Dez dos catorze sobreviventes tiveram apenas 45 segundos para fugir do local pela única porta de acesso da estrutura. Depois disso, nenhum garoto conseguiu chegar até a entrada, embora a maioria tenha tentado encontrar a saída. Três rapazes foram resgatados pelo vão da janela com ajuda externa, e apenas um fez o que parecia impossível: passou sozinho por entre as grades de alumínio.

★

"Daqui a pouco, o IML vai estar cheio de crianças", pensou Gabriela, sem ter coragem de dividir suas reflexões com ninguém. Àquela altura, ela já sabia que dez meninos das categorias de base do Flamengo não tinham sobrevivido ao incêndio no alojamento.

A tragédia no clube trouxe à tona sentimentos que a diretora do IML queria esquecer. Com mais de vinte anos de Polícia Civil, ela geralmente conseguia separar o lado pessoal do profissional. A exceção viera no primeiro dia do ano de 2010. Na ocasião, fortes chuvas provocaram a queda de encostas no litoral e no continente de Angra dos Reis, na Costa Verde. O deslizamento de terra na madrugada do Réveillon deixara 53 mortos, entre moradores e turistas que passavam as festas de fim de ano naquele município. Parte das vítimas soterradas foi encaminhada para o IML Afrânio Peixoto. Gabriela estava de plantão.

— Doutora, chegou um cadáver na sua mesa — avisou um funcionário.

Quando ela entrou no necrotério, sofreu um choque. A sua frente, viu um menino de cabelos escorridos. A criança de apenas 3 anos parecia estar apenas dormindo. A idade regulava com a do filho dela.

Gabriela não aguentou. Saiu correndo da sala e se escondeu no banheiro. Trancada no cômodo, chorou copiosamente. Das 53 pessoas que morreram em Angra dos Reis, dezessete eram crianças e adolescentes. O garoto que ela havia acabado de ver era uma dessas vítimas. "Como vou lidar com isso? Esse garoto é igualzinho ao meu filho", pensou a legista aos prantos.

Pela primeira vez, Gabriela sentiu-se à beira do desespero. Precisava recompor-se para realizar seu trabalho. De volta ao necrotério, a médica iniciou a necropsia do garoto. Logo em seguida, o corpo da mãe da criança chegou ao local. Os legistas descobriram, ainda, que ela estava grávida de cinco meses. Por mais trágico que fosse o acidente, Gabriela suspirou aliviada. Pelo menos aquela mãe não passaria pela dor de velar os filhos. Seria enterrada junto com eles.

Ao verificar o nome gravado na aliança dela, a equipe do IML percebeu que o marido daquela mulher também estava entre as vítimas do soterramento. Toda a família tinha morrido. Residentes em Salvador, eles estavam hospedados em uma casa na Enseada do Bananal, viagem que haviam planejado seis meses antes do acidente.

Na cabeça da legista, era melhor que tivesse sido assim. O casal de empresários estava junto quando o pior aconteceu. Seria duro que apenas um deles sobrevivesse e tivesse que lidar com a ausência dos outros membros da família. A médica só não havia se dado conta de uma coisa: aqueles pais também eram filhos de alguém.

À noite, do corredor do necrotério, ela ouviu duas mulheres chorando copiosamente na entrada do prédio. Eram as mães do homem e da mulher, avós do menino e da criança que não pôde nascer.

★

— Chegaram — avisou Luizão para Gabriela.

Funcionário do IML havia 28 anos, ele se referia às vítimas do Flamengo. Imediatamente, a legista se dirigiu para os fundos do prédio, onde o veículo da Defesa Civil que transportava os corpos dos jogadores havia acabado de estacionar.

De acordo com o documento de Controle da Portaria, as vítimas precisavam ser numeradas. Naquele caso, porém, a legista optou por manter a numeração feita pelo ICCE durante a perícia no Ninho do Urubu. Em seguida, os cadáveres foram retirados do veículo e levados para as macas com a ajuda de toda a equipe.

Gabriela decidiu encaminhá-los para a sala do flexscanner, um aparelho que escaneia projéteis no corpo de cadáveres. Como era um dos maiores cômodos do prédio, ele fora separado para receber os atletas. A diretora do IML se preocupou em cobrir as janelas com lona preta, para garantir o sigilo do trabalho. À medida que os corpos foram retirados dos sacos pretos, a médica foi tomada de espanto. Ao manusear as vítimas, ela percebeu que ainda conservavam parte do calor, mesmo tendo se passado mais de sete horas desde o início do fogo.

— Não acredito! O incêndio foi de madrugada e eles ainda estão quentes — surpreendeu-se.

Profundamente impactada, Gabriela notou que o corpo número dois, o primeiro com o qual teve contato, estava bem preservado. Tratava-se de um atleta de 1,78 metro. Para surpresa da legista, o short azul-escuro que o jogador usava não havia sido queimado. Ela também encontrou marcas de caneta na peça. Provavelmente, a mãe do adolescente havia escrito o nome do filho no avesso das roupas dele. Ao verificar a etiqueta, Gabriela emocionou-se. Notou que tinha duas iniciais: PH.

"Quem é você?", perguntou-se, em pensamento.

Devolver sua identidade era o mínimo que poderia fazer por aquela vítima.

3

Cadê meu filho?

Na casa do representante comercial Eli Sidnei, 51 anos, e da administradora de empresas Adriana, 44 anos, o clima era de muita apreensão. Embora o filho Gasparin tivesse telefonado para o pai, no Paraná, avisando sobre o incêndio no alojamento do CT, a família de Curitiba não sabia se o atleta de 14 anos estava a salvo.

Acordado por Gasparin por volta das cinco e meia da manhã, Eli não teve tempo de conversar com ele. Depois de ouvir do filho que o alojamento dos jogadores da categoria de base do Flamengo estava pegando fogo, a ligação fora interrompida. Eli não conseguiu entender se o jogador estava preso no interior do contêiner em chamas ou se havia conseguido sair. Ele e a esposa viveram momentos de terror imaginando o que de fato poderia ter acontecido aos adolescentes. Tentaram em vão ligar de volta para o número de celular do qual a chamada havia sido feita. A ligação só dava sinal de ocupado.

Quando finalmente alguém atendeu, a voz que estava do outro lado da linha não era a de Gasparin.

— Filho, filho — gritava Eli, em desespero.

— Aqui é o Kennyd — respondeu o garoto cujo nome Eli não reconhecia.

— Pelo amor de Deus, cadê o Gasparin? — suplicou o representante comercial.

Adriana estava atônita. Embora o marido tivesse garantido que falara com o filho, ela só ficaria tranquila quando conseguisse ouvi-lo.

— Você sabe do Gasparin? — insistia Eli, aflito.

— Ele está em algum lugar aqui — respondeu Kennyd.

— Onde, onde?

— Vou achar ele — disse o jogador, desligando o telefone.

Eli não sabia por quanto tempo mais suportaria tanta incerteza. Quando o celular dele tocou, em Curitiba, o representante comercial mal conseguia respirar.

— Pai?

Dessa vez, era a voz do seu menino.

— Filho!

Eli e Adriana só conseguiam chorar. Gasparin também.

— Pai!

— Graças a Deus, meu filho! O que está acontecendo? A gente pensou que tivesse perdido você.

— Meus amigos, pai, eles estavam lá dentro — tentou explicar o jogador ainda em choque. — A gente não sabe direito o que aconteceu com eles, mas eu estou bem. Preciso desligar, porque têm outras pessoas querendo ligar pra casa. Perdi meu celular no contêiner. Mais tarde volto a falar com vocês.

Apesar do alívio, Eli e Adriana ainda não tinham se refeito do susto. Jamais imaginaram que o filho pudesse estar em risco dentro do Flamengo. Só ficariam realmente tranquilos quando ele voltasse para casa e pudessem aconchegá-lo nos braços.

★

Sentado na beira da cama de casal, Wedson só tocava os pés no chão após fazer as preces. Todas as manhãs, ao acordar, o motorista de caminhão rezava o Credo. Aos 53 anos, o morador de Oliveira, município de Minas Gerais a cerca de 160 quilômetros da capital, Belo Horizonte, pedia proteção divina antes de iniciar sua extensa jornada de trabalho. "Creio em Deus, Pai Todo-Poderoso, Criador do Céu e da Terra, que foi concebido pelo poder… que foi concebido pelo poder. Pelo poder de quê mesmo, meu Deus?" Estranhamente, ele não conseguiu terminar a oração. Ensaiou recomeçar algumas vezes, mas parou no mesmo ponto. "Que trem esquisito", pensou ao calçar os chinelos e levantar-se para vestir o uniforme da transportadora na qual trabalhava. Naquela sexta-feira, 8 de fevereiro, havia muita carga para entregar.

— Sara, são seis da manhã. Liga para o "Teté" — pediu Wedson para a esposa enquanto se arrumava.

A ligação matinal para o filho adolescente era parte da rotina da família mineira. O caçula de Sara e Wedson acostumara-se a ser acordado pelos pais para ir à escola. Jogador da categoria de base do Flamengo, o zagueiro, com passagens pelo Galo e pela Inter Academy Brazil, escola da Inter de Milão no Brasil, tinha implicância com os estudos. Sabia, porém, que a frequência às aulas era uma das exigências para permanecer no centro de treinamento do clube carioca, seu maior sonho desde que fora aprovado pelo Rubro-Negro, em 2018. Como estava com 13 anos à época, ele precisou ficar três meses hospedado em uma pensão em Vargem Grande, até o dia do 14º aniversário, comemorado em 1º de novembro. Ao alcançar a idade mínima necessária para morar no alojamento, se mudou para lá.

Na família de Sara e Wedson, menino já nascia de chuteira. O futebol estava no DNA do clã, tanto pelo lado materno quanto pelo paterno. Wedson foi jogador do Atlético, assim como o sogro, mas só a terceira geração da família alcançou sucesso nos gramados. Dois sobrinhos de Sara jogavam futebol em times de destaque: Nathan Silva, revelado pelo Atlético Mineiro, passou por todas as equipes da base alvinegra até chegar ao profissional. Já o irmão mais velho dele, Werley, que começou no mesmo time, jogou pelo Grêmio, pelo Santos e pelo Coritiba e, em 2018, estreou no Vasco da Gama. Foi ele quem levou o primo para fazer o teste no Flamengo, custeando toda a estada dele, já que os pais do adolescente não tinham a mínima condição de arcar com a permanência do filho no Rio de Janeiro. O garoto, por sua vez, sonhava seguir os passos de Werley e Nathan, afinal, o talento com a bola era uma marca da família. Assim como os primos famosos, o jogador desejava chegar ao profissional e oferecer aos pais assalariados o conforto que nunca tiveram.

De folga do asilo onde trabalhava como cozinheira, Sara ligou a TV às 6h30, para acompanhar as notícias sobre esporte, sua paixão. Naquela semana, porém, todo o noticiário de Minas Gerais ainda estava focado nos desdobramentos do rompimento da barragem de Brumadinho. Resolveu desligar o aparelho e seguir para o quintal da casa, onde ficava o tanque de cimento. Começaria logo cedo a lavar as roupas, a fim de colocar a tarefa em dia. A filha mais velha de Sara e os dois netos moravam com ela, e não faltavam fraldas e macacões de bebê para dar conta.

Quando o telefone tocou, a cozinheira já tinha iniciado o serviço doméstico.

— Sara, você viu o que está acontecendo no Ninho do Urubu? — perguntou a irmã Aninha pelo celular.

— Não. O que houve?

— Disseram que está pegando fogo na cozinha.

— Uai, como assim?

Sara largou as roupas e foi até a sala da casa, de onde o marido estava prestes a sair.

— Olha, Wedson, a Aninha disse que está pegando fogo lá onde o Teté mora.

— Você ligou para acordá-lo hoje?

— Não.

— Então liga, Sara — pediu Wedson, aflito.

Ela desbloqueou o celular, localizando o nome do filho: Pablo Henrique.

— Não atendeu — revelou a esposa, de 47 anos.

— Liga de novo, Sara.

Diante da reação negativa da mulher, Wedson começou a tremer. Pegou seu celular, na tentativa de falar com o sobrinho Werley.

— O Pablo costuma dormir na casa do primo. Com tanta chuva no Rio esta semana, ele deve ter pousado lá.

Como o jogador do Vasco e a esposa dele não atenderam, o motorista decidiu telefonar para a assistente social do Flamengo. Sem êxito.

Desnorteado, Wedson voltou para o quarto e sentou-se no chão. Não sabia o que fazer.

Sara ligou a TV novamente, dessa vez à procura de notícias sobre o Centro de Treinamento do Flamengo. Ela, no entanto, não aguentou ficar assistindo.

Aflita com o silêncio do filho, voltou para o tanque, para recomeçar a lavagem das roupas. Precisava ocupar-se de alguma forma.

Antes, porém, aproximou-se do muro da casa e deu um grito.

— Ô meu Deus! Meu filho não.

★

Naquele mesmo horário, o vigilante José Damião se preparava para dormir. Morador de Povoado Brasília, zona rural do município de Lagarto, quarta cidade mais populosa de Sergipe, ele tinha chegado em casa às 6h30. Era o fim de mais uma jornada de doze horas de trabalho no Hospital Universitário, onde era responsável pela vigilância da portaria do setor de emergência. Acostumado a passar as noites em claro, o vigia sabia que a função garantia o sustento da família, formada pela esposa, Diana, e pelo único filho, Athila, seu maior orgulho.

Desde que Athila, de 14 anos, saiu de casa para jogar no Flamengo, a vida de José Damião e da mulher mudara. Foi duro ver o adolescente deixar o Nordeste, em março de 2018, para realizar o sonho de ser jogador. Embora o atleta nunca tivesse atuado em nenhum outro clube, os pais dele sabiam que era questão de tempo até o menino ser descoberto por algum olheiro do futebol. Com quase 1,80 metro e muita habilidade no pé, ele respirava o esporte. Nascera em frente à quadra de esportes de Lagarto e, desde que dera os primeiros passos, ou melhor, os primeiros chutes, nunca mais saiu de dentro das quatro linhas. Aos 3 anos, pegou a bola azul que a mãe ganhara em um sorteio na fábrica de calçados em que trabalhava — na época ela ainda estava grávida —, para disputar uma partida com garotos bem maiores do que ele. Uma década depois, os dribles do jogador já eram comparados aos de Neymar, seu maior ídolo.

Diana largou o emprego para dedicar-se exclusivamente ao garoto. A vida orbitava em torno do filho não planejado, embora tenha sido amado desde o dia em que ela descobriu, aos 21 anos, que teria um menino. A notícia da chegada do primeiro neto homem também foi recebida com festa pela família humilde. José Damião era filho de agricultores; Diana, de uma merendeira e de um motorista da prefeitura. Não tinham muito, mas tudo o que ganharam com o trabalho foi usado na formação daquela criança que cresceu cambota.

O teste no Flamengo aconteceu no início de 2018, quando o atacante foi convidado pela escolinha Geração Futuro, de

Lagarto, para participar da Copa Zico, no Rio de Janeiro, na qual se destacou, despertando o interesse de outros clubes, como o Fluminense, o Vasco e o Corinthians. Só que o coração do sergipano era rubro-negro. Aprovado no Flamengo, ele se mudou para a capital fluminense no dia 19 de março daquele ano, dezesseis dias após completar 14 anos. Diana foi levá-lo. Mãe e filho nunca tinham viajado de avião. Descobriram, juntos, a sensação de estar nas nuvens. No Rio, o morador de Lagarto sentiu-se em casa, apaixonando-se pela cidade à primeira vista.

— Mainha, que cidade linda — elogiou o sergipano.

Diana ficou vinte dias na casa de um amigo da família em Nilópolis, na Baixada Fluminense. Sabia que precisava cortar mais uma vez o cordão umbilical com Athila e voltar para o seu Nordeste, mas o coração não obedecia. Tinha medo de o filho se perder na metrópole ou sofrer algum tipo de violência nas ruas. Por isso, no começo, ela não queria que ele saísse do CT. Pelo menos ali ele estaria em segurança.

— Mainha, não sou mais criança. Já trabalho e tenho meu dinheiro — retrucou o garoto, referindo-se à bolsa aprendizagem que passaria a receber do Flamengo.

Diana voltou para Sergipe. O marido, José Damião, entrou de férias dias depois. Como não aguentava de saudades do filho, foi visitá-lo, embora fizesse apenas um mês que o jogador tinha saído de casa pela primeira vez. O vigilante também parcelou a passagem aérea, deixando o Nordeste. Não via a hora de abraçar seu menino.

Todas as manhãs, quando chegava em casa depois do turno de trabalho, José Damião sempre passava no quarto vazio de

Athila. E naquela sexta-feira de fevereiro de 2019 não foi diferente. Agora poderia finalmente descansar. Mas o telefone tocou antes que ele estivesse deitado. "Deve ter acontecido alguma coisa no hospital", preocupou-se, ao ver o nome de um colega do trabalho no visor.

— José Damião, houve uma tragédia no Ninho do Urubu. Está passando na televisão. É grave e já morreram várias crianças — disse o homem.

O vigilante avisou a esposa. Eles telefonaram imediatamente para Athila.

— Tá chamando — disse José Damião para Diana, sentindo-se aliviado.

Seria só uma questão de tempo até o filho atender e dizer "bênção, painho". Mas não houve resposta.

— Liga aí a televisão — pediu o vigilante, transtornado.

Diana e José Damião reagiram, chocados, às imagens do Ninho do Urubu em chamas. Em pouco tempo, a casa deles ficou cheia de gente. Precisavam manter a calma, afinal, se tivesse acontecido algo grave com Athila, os funcionários do clube certamente já teriam telefonado. No entanto, foi pela TV que José Damião descobriu que Jhonata, Francisco Dyogo e Cauan Emanuel, amigos do filho, tinham sido hospitalizados, um deles em estado grave.

— Diana, são os meninos que dividem o quarto com o Athila — gritou José Damião. — Eles saíram — comemorou.

Mas por que será que o nome do filho não tinha sido citado naquela reportagem? Certamente, ele estava em algum outro hospital do Rio. Só precisavam encontrá-lo.

Até as 9h35 da manhã, a única manifestação pública do Flamengo seria feita na conta oficial do clube no então Twitter: "O Flamengo está de luto." Nem uma palavra a mais.

Apenas quando o nome de Athila foi mencionado na TV no fim da manhã, José Damião teve a certeza de que havia perdido o filho naquele incêndio.

Nada daquilo fazia sentido. José Damião e a esposa tinham se despedido do adolescente no Aeroporto de Aracaju havia apenas cinco dias. Diana ainda conseguia ouvir a última frase dita por Athila antes do embarque:

— Mainha, dessa vez eu me diverti tanto!

★

Cristina tinha acabado de acordar quando ouviu o som de batidas na porta da casa, na rua Congo. Estranhou a insistência de quem a procurava no lote 51 do beco naquele horário. Em São João de Meriti, Baixada Fluminense, notícia ruim chegava cedo.

— Tia, o Ninho do Urubu está pegando fogo — soltou o sobrinho Afonso, sem nenhuma preparação.

— O que tu tá dizendo aí, menino?

— É, tia. E morreu gente.

Cristina não esboçou reação.

— Tia, liga a televisão — pediu ele.

Mecanicamente, a dona da casa voltou para a sala e procurou o controle do aparelho. A primeira imagem que viu na TV foi a do centro de treinamento em chamas, embora não reconhecesse o local do incêndio.

Incapaz de continuar de pé, a mãe de Samuel Rosa sentou-se no sofá vermelho. Em seguida, José, marido dela, entrou na sala.

— O que tá acontecendo?

Ela não teve condições de explicar. Apenas apontou para a TV.

Não demorou muito para que Sebastião, irmão de Cristina, chegasse. De cabeça baixa, o funcionário da Comlurb sentou-se ao lado dela. Apaixonado pelo sobrinho Samuel, jogador da categoria de base do Flamengo, ele não sabia o que dizer. Logo, a vizinhança foi se ajuntando. Circulava a informação de que havia um Samuel entre os atletas mortos. Além do lateral Samuel Rosa, filho de Cristina, havia o atacante Samuel Barbosa no alojamento do clube carioca.

Frequentadora assídua da Assembleia de Deus, Cristina retirou-se, em silêncio, daquele ambiente tumultuado. No quarto mal iluminado, ela ajoelhou-se no piso de chão batido, apoiando os cotovelos na cama.

— Senhor, fala comigo. Eu estou angustiada. Fala comigo. Foi o meu Samuel? Eu sei que ele não é meu, é seu. Mas, Senhor, traz o seu socorro — suplicou.

No cômodo ao lado, o desespero já tinha tomado conta da família. Parte dos irmãos de Cristina morava no mesmo terreno que ela e José. Por isso a notícia espalhou-se como rastilho de pólvora. Os celulares não paravam de tocar.

— Pelo amor de Deus, não me diga que o pretinho da Tina está entre os mortos — gritou Mirna, irmã de Cristina e vizinha da moradia.

— Calma, tia, ainda não se sabe — disse um dos sobrinhos.

— É o nosso Samuel — avisou Cristina ao deixar o quarto. — Deus falou comigo.

Com problemas cardíacos, Mirna teve uma crise nervosa.

— Não é possível! Mais um... Mais um... — passou a gritar em volta da casa.

A irmã de Cristina referia-se à morte de outro familiar. Com apenas 18 anos, Felipe, filho de seu irmão mais velho, fora executado à luz do dia, por conta de envolvimento com o tráfico de drogas. Cristina ouvira os tiros, mas nem desconfiara que o jovem morto era o sobrinho. O assassinato traumatizara a todos. Apesar da dor, a família acreditava que o rapaz tinha ido ao encontro do fim trágico, já que, na criminalidade, ninguém morre de velhice. Felipe morreu jovem, mas sabendo o motivo. Samuel, não. Ele simbolizava a possibilidade de ascensão social e a chance de visibilidade em uma comunidade esquecida. O menino do Flamengo tinha ensinado os adultos do beco a sonhar. Ele era uma estrela. E o brilho de uma estrela não podia ser apagado. Dava azar.

— Calma, Mirna. Ele está nos braços do Pai — consolou Cristina, que ainda não tinha recebido confirmação oficial sobre o óbito do filho.

Mirna mantinha uma relação muito próxima com o sobrinho. Era a ela que o jogador havia prometido levar para Dubai no próximo campeonato do Flamengo fora do Brasil.

— Que ingratidão, filho. Eu senti a dor do parto, quase morri por sua causa, e você prefere levar sua tia — brincava Cristina.

— Mãe, eu vou pedir ao treinador pra tia Mirna ir comigo porque ela é muito estilosa — provocava Samuel.

Agora, transtornada com a possível morte do sobrinho, ela passava mal.

Um parente de Cristina e Mirna chegou descontrolado ao imóvel da rua Congo. Logo que entrou, partiu com fúria para cima dos familiares que estavam lá, inclusive a mãe de Samuel.

— Se ele morreu, a culpa é tua — acusou, empurrando Cristina contra a parede.

— O que é isso!? — respondeu ela, tentando livrar-se da agressividade dele.

— É tua, sim. Tu deixou ele ir morar lá.

José, pai de Samuel, não conseguiu reagir. Para ele, era como se tudo aquilo fosse fruto de seu pior pesadelo. Queria apenas acordar. Entretanto, no momento em que os nomes das vítimas foram divulgados na TV, José soube que a perda de Samuel era a mais brutal realidade. Agora só queria dormir.

Quando Cristina viu pela televisão tantos rostos conhecidos entre os adolescentes mortos no Flamengo — além de Samuel, morreram o goleiro Christian e o volante Jorge Eduardo, melhores amigos do filho —, ela não aguentou: precisou ser medicada.

★

O despertador tocou na casa de Gedson às 6h40 da manhã. Logo que abriu os olhos, ele enviou uma mensagem de

WhatsApp para o filho Gedinho. O adolescente de 14 anos recém-aprovado para o time de base do Flamengo partira de Curitiba para o Rio de Janeiro havia apenas cinco dias.

Na véspera, Gedson precisou pedir que o filho, empolgado com a notícia de que jogaria no Maracanã, desligasse o celular e fosse dormir para que pudesse descansar.

No entanto, Gedson também estava animado pelas conquistas do filho, o jogador mais jovem entre os que estavam alojados no Centro de Treinamento do Flamengo. Vê-lo feliz amenizava a saudade. "Gedinho, bom dia", escreveu o pai, de 36 anos, logo ao acordar. O cumprimento era também um desejo de boa sorte para o primeiro treino do filho no Maraca, o maior templo do futebol brasileiro.

Distraído, Gedson só voltou a mexer no celular quando chegou ao escritório da transportadora em que trabalhava. Notou então que o filho ainda não havia lhe respondido, mas o pai de Lucca, um colega com quem Gedinho jogara em Curitiba, lhe mandara várias mensagens.

"Você viu o que aconteceu no Ninho do Urubu?", perguntou o conhecido por mensagem de áudio.

Gedson estranhou o tom solene da voz dele. Teve a impressão de que ele havia chorado.

"O Gedinho está lá, né?", continuou o homem, aflito. "É que pegou fogo."

Gedson levou um susto. "Como assim, pegou fogo?" Rapidamente, ele ligou o computador que ficava em sua mesa de trabalho. Precisava entender o que estava acontecendo. A imagem do incêndio no Ninho do Urubu logo roubou-lhe a paz.

"Ah, mas é claro que o Gedinho não estava lá", considerou, na tentativa de afastar qualquer pensamento ruim.

Imediatamente, telefonou para o filho pelo WhatsApp. Estava chamando, o que era um bom sinal. O jogador, porém, não atendeu. "Gedinho", escreveu às 7h10. Quatro minutos depois, ele mandou mais uma mensagem para o atleta: "Filhote." Não houve resposta.

★

Eram 6h40 da manhã quando Fernanda deu um pulo da cama. Moradora de Diadema, município da Região Metropolitana de São Paulo, a diarista de 40 anos sempre acordava em cima da hora para ir trabalhar. Preferia descansar um pouco mais a tomar café da manhã antes de sair de casa. Especialmente naquela sexta-feira, ela estava com o sono atrasado. Aliás, as noites estavam bem mais curtas no sobrado da rua Maria Conceição Morale Miragaia desde que Wendell, o membro mais novo da família, se mudara de lá.

Aos 14 anos, o ex-jogador do Água Santa, time de futebol da cidade onde nasceu, tinha finalmente alcançado o sonho de morar no alojamento das categorias de base de um grande clube. Com uma passagem rápida pelos times do Santos e do São Paulo, o adolescente se mudara para o Centro de Treinamento do Flamengo havia apenas quatro dias. De lá para cá, Fernanda conversava com o filho pelo celular, principalmente à noite. Queria saber tudo sobre a nova rotina do menino no Ninho do Urubu. Manuel, pai de Wendell, era o primeiro a despedir-se do bate-papo em família. Atendente de balcão em uma padaria, ele, literalmente, madrugava. Era a esposa quem o atualizava sobre as novidades reveladas pelo atleta.

Quando a mudança para o Rio de Janeiro se confirmou, Fernanda e o marido fizeram questão de levar Wendell até lá. Saíram de Diadema, de ônibus, no domingo, com o dinheiro contado. Iam deixar o filho no CT e retornar para São Paulo em seguida. A longa e cansativa viagem de bate e volta era mais um dos sacrifícios feitos pela família em prol do menino que passara a infância com a bola. Aos 5 anos, Wendell dividia o tempo entre a escola e as quadras de terra do campo e de madeira do futsal. Aos 9 anos, quando ingressou no Água Santa, a paixão pelo futebol deixou de ser brincadeira de criança. Wendell queria viver do esporte que poderia mudar sua história e a de sua família. Talento ele tinha, precisava era de oportunidade. Não queria desperdiçar a chance quando ela chegasse, como havia acontecido com seu tio Ricardo.

No passado, o irmão de Fernanda recebera uma proposta para jogar no Cruzeiro, mas o pai deles não deixou que se transferisse para Belo Horizonte. Viúvo e sem recursos, ele tinha medo de que o filho passasse por dificuldades ainda maiores longe de casa. Fernanda sempre soube quanto aquela decisão pesara na vida do irmão. Por isso ela não mediu esforços para que Wendell realizasse o desejo de se tornar jogador. Todo o dinheiro que ela ganhava como diarista e com o bico de manicure era gasto com Wendell e com Weverton, o primogênito.

Com o trabalho em casa de família, ela bancava a compra de chuteiras para Wendell. O dinheiro que conseguia juntar fazendo unhas era gasto com passagens de ônibus para o filho jogar. Também ajudava com os estudos do mais velho, embora Weverton, sete anos à frente do irmão Wendell, já desse seus pulos. Ainda na adolescência, ele trabalhava em uma pizzaria. Mais tarde, recebeu uma bolsa para cursar a faculdade de Marketing. Inicialmente, a mãe complementava a mensalidade. Já o salário que o marido recebia na padaria era usado para as despesas com aluguel e alimentação.

— Fernanda, você falou com o Wendell hoje? — perguntou Carlinhos, o vizinho que morava ao lado.

— Falei ontem. Conversamos até meia-noite e pouco — respondeu a diarista fechando a porta de casa.

— Vi que pegou fogo lá — comentou o homem.

Aflita para pegar a lotação, Fernanda não entendeu o que ele disse.

— Não. É que tá chovendo muito no Rio — respondeu apressada, deixando Carlinhos sem reação.

Já na rua, Fernanda não esperou muito para que a condução passasse. A diarista ocupou um assento nos fundos e colocou os fones de ouvido, um hábito que mantinha durante os longos deslocamentos. Apesar de ouvir música, ela não pôde deixar de notar o burburinho. Naquele horário, os passageiros costumavam seguir em silêncio para os seus destinos.

Incomodada com a conversa, Fernanda resolveu tirar os fones. "Nossa, meu Deus, que tragédia. O que foi isso? Só morreram meninos novos. Praticamente crianças", ouviu.

"O que será que essas pessoas estão falando", pensou. Continuou prestando atenção. "Meninos novos, jogadores. Esse Ninho do Urubu é um negócio do Flamengo", comentou outra mulher.

— O que está acontecendo, minha Nossa Senhora? — perguntou Fernanda, em voz alta.

Com o coração acelerado, ela telefonou para Beto Mendes, ex-jogador profissional que trabalhava com gerenciamento de futebol e morava no Rio de Janeiro. Ele atendeu.

— Beto, pelo amor de Deus, me fala o que aconteceu? Cadê o meu filho?

— Fernanda, fica calma. Eu também não sei. Eu estava fora do Rio. Agora que soube da notícia do incêndio. Estou indo para lá. Assim que tiver informações, te ligo.

Incêndio? A diarista não sabia o que fazer. Ainda no veículo, ela ouviu a chamada do celular.

— Onde você está, Fernanda? — perguntou Deon, amigo da família.

— Eu não sei — respondeu, sentindo-se perdida.

— Fernanda, presta atenção. Você precisa me dizer onde está.

— Deon, pelo amor de Deus. Me fala que meu filho tá vivo.

— Eu não sei te dizer isso. Onde você está? — insistia o amigo.

— Estou na lotação indo trabalhar — respondeu, aos prantos.

— Você não pode ir trabalhar desse jeito. Precisa voltar para casa — orientou o amigo.

— Eu não sei voltar.

Deon percebeu que Fernanda precisava de ajuda.

— Me escute. Presta atenção. Olhe pela janela. O que você está vendo?

— Não sei — ela repetia.

— Fernanda, me escute. Dê sinal para o motorista parar e desça do ônibus. Volte pra casa.

— Eu não sei voltar.

— Peça ao motorista para descer — orientava o amigo. — Eu vou ficar no telefone contigo.

— Tá — respondeu, tremendo.

Após a van parar no ponto, ela desceu as escadas do veículo.

— Agora pegue qualquer ônibus na direção do Jardim Miriam. Você mora lá.

Perdida, Fernanda não se sentia capaz de tomar qualquer decisão. "Por que eu deixei meu filho tão longe de casa, meu Deus? Ele era só uma criança", lamentava-se mentalmente.

A diarista teve dificuldades para se orientar. Havia perdido, temporariamente, a noção espacial. Subiu no primeiro ônibus que passou na direção contrária. Com certeza, ele a levaria de volta ao bairro em que ela morava. Agindo de forma mecânica, Fernanda se acomodou no coletivo com os olhos voltados para a rua. Levou alguns minutos até reconhecer uma edificação na avenida Cupecê.

— É a paróquia de Nossa Senhora Aparecida — disse, ao identificar a cruz esculpida na parede.

Fernanda desceu do ônibus novamente, caminhando em direção à igreja. Chorando muito, entrou no templo católico e sentou-se no banco de madeira escura.

— Minha santa, a senhora é mãe e não cuidou do meu filho — falou em prantos.

Naquela hora, ela precisava encontrar culpados. Devota da santa, Fernanda transferiu para ela toda a responsabilidade pelo ocorrido no centro de treinamento.

Da paróquia, Fernanda continuou o trajeto em direção a sua casa a pé. Estava a cerca de 2 quilômetros do imóvel. No caminho, ainda parou em um bar, onde a televisão estava ligada. Foi a primeira vez que viu imagens do incêndio no CT.

Debruçou-se sobre a mesa, chamando atenção de quem estava ali.

— O que aconteceu? — perguntou Fatinha, dona do estabelecimento.

Fernanda a conhecia.

— Meu filho, meu filho... — disse apontando para a TV.

Um estranho conseguiu decifrar o choro da diarista.

— Seu filho está lá? — perguntou o homem, consternado.

Ela balançou a cabeça afirmativamente.

— Nossa... — lamentou o homem. — Mas você vai encontrá-lo vivo.

Fernanda não tinha tanta certeza.

— Eu vou te levar para casa — disse Fatinha, após oferecer um copo de água com açúcar para a mãe de Wendell.

Fernanda tomou um gole, agradeceu e despediu-se.

Fatinha decidiu acompanhá-la até o endereço. A diarista não percebeu a presença dela. Ao chegar à casa, cheia de parentes, ela se sentiu completamente sozinha. Quando o marido entrou pela porta, eles se abraçaram. Cleuta, irmã de Fernanda, também estava lá. Tentou falar no celular do sobrinho, mas as chamadas só caíam na caixa postal.

— Manuel, vamos deixar o celular desocupado. De repente, alguém do Flamengo pode ligar — pediu a esposa.

Eram dez horas da manhã quando o telefone de Fernanda tocou.

— Fernanda... Eu tive notícia — disse Beto, cauteloso.

— Pelo amor de Deus, me fala que é boa.

— Olha... Dizem que o Wendell está vivo.

— Quem disse isso? — perguntou a mãe do jogador, atônita.

— Foi o Luiz — afirmou Beto, referindo-se a uma pessoa que a diarista não conhecia. — Ele vai passar pelos quartos onde os jogadores da base estão para verificar.

Fernanda não conseguia mais suportar aquela espera. "Deus, traz meu filho", suplicava a todo instante.

Noventa minutos se passaram desde a última conversa com Beto. Quando o nome dele apareceu no visor do aparelho, ela não sabia se aguentaria ouvir o que ele tinha para dizer.

— Fernanda?

"Eu vou ser forte", repetia para si mesma.

— Seu filho... — disse Beto, iniciando a conversa.

— Você já sabe o que aconteceu com ele?

— Sim. Ele está vivo!

★

Eram 7h30 da manhã quando Lêda chegou à Escola Básica Municipal Tancredo de Almeida Neves, em Indaial, cidade de Santa Catarina com cerca de 70 mil habitantes. Professora das turmas de quarto ano do ensino fundamental, ela trabalhava em período integral. Nas sextas-feiras, porém, o primeiro horário dos estudantes era reservado para as aulas de educação física. Com os alunos na quadra, daria tempo de espiar o celular. Apesar de ainda ser bem cedo, notou que já havia mensagens no grupo da família. Lêda iniciou a leitura das conversas, mas uma em especial chamou sua atenção.

"Incêndio no Ninho do Urubu", escrevera a tia Rita.

A professora pensou que pudesse se tratar de mais uma das muitas pegadinhas da tia, mas chegou à conclusão de que ela não brincaria com algo tão sério. Ficou ainda mais preocupada ao perceber que os pais, já idosos, as irmãs e os cunhados visualizaram a mensagem, mas não teceram nenhum comentário. Sentiu algo estranho no ar. Bernardo, seu filho, era goleiro da categoria de base do Flamengo. Imediatamente, ela procurou alguma mensagem dele que pudesse esclarecer tudo aquilo. Não encontrou nada.

O pai de Bernardo estava a caminho do trabalho, em Navegantes (SC), quando ouviu o alerta do celular. Trafegava pela BR-470 no instante em que a mensagem de texto apareceu na tela digital do veículo. O computador de bordo estava conectado ao telefone por Bluetooth. Assustado, Darlei decidiu parar o carro no posto policial próximo a Blumenau. Precisava entender de onde tinha partido a informação enviada pela tia de sua esposa para o grupo da família. Não demorou muito para descobrir o que estava acontecendo a cerca de mil quilômetros dali. Aflito, ele escreveu para o filho.

"Bernardo", digitou. "Filho, está tudo bem?", insistiu.

Como o goleiro não respondeu, Darlei retornou para Indaial, onde morava com a família. No caminho, telefonou para Murilo, o filho mais velho, e combinou de buscá-lo no escritório de contabilidade em que trabalhava. Talvez, com a ajuda dele, encontrasse uma maneira de falar com o caçula de 14 anos. "Bom, o Bernardo é esperto. Se aconteceu alguma coisa, ele certamente conseguiu sair", pensou, na tentativa de se acalmar.

Ainda na estrada, Darlei lembrou-se de Rafael Stival, o empresário paranaense que dirigia o Trieste Futebol Clube. Foi por intermédio de Rafael que Bernardo jogou nas categorias de base do Athletico Paranaense, migrando, em 2018, para o clube carioca. Rafael, no entanto, não atendeu às ligações de Darlei. Ele, então, telefonou para a assistente social do Flamengo, com quem mantinha contato desde a chegada do filho ao Rio. Ela também não atendeu. Darlei insistiu.

Perdeu as contas de quantas ligações fez para o celular dela. Quando a assistente social, finalmente, atendeu à chamada, ele estava à beira do desespero.

— O que está havendo?

— Seu Darlei — disse a profissional, reticente. — Teve um acidente.

— Tá, mas cadê meu filho? Estou querendo saber do Bernardo.

— Não sabemos ainda quais meninos se machucaram. Na hora em que soubermos, a gente avisa vocês.

Ele estava indignado. Como não sabiam? O filho estava sob a responsabilidade do clube. O mínimo que os representantes do Flamengo tinham que fazer, naquele momento, era dizer a verdade.

Pela primeira vez, Darlei não tinha o controle da situação. Projetou e construiu a casa de três quartos em que moraria com Lêda após o casamento, planejou o número de filhos — dois —, a carreira e até o futuro. Mas o presente lhe escapava. Precisava estar com Lêda para decidirem, juntos, como encontrar Bernardo. Com os pensamentos desencontrados, se lembrou da última conversa que tivera com ele, por mensagem, no dia anterior. O filho havia lhe mandado o contato de um profissional de mídia social. O atleta estava decidido a contratar alguém para gerenciar seu perfil nas redes sociais e, assim, fazer seu Instagram "bombar".

"Filho, o pai tá na estrada agora. Eu estou indo visitar um agricultor, mas amanhã a gente conversa sobre isso", respondeu por mensagem de áudio.

Ao se lembrar daquele diálogo, Darlei sentiu um frio na espinha. Era como se uma voz dissesse em seu íntimo: "Infelizmente, não tem jeito." Precisava afastar as ideias ruins. Por telefone, ele avisou à empresa que faltaria ao trabalho e ainda fez um apelo a sua diretora.

— Aiglê, eu preciso de algum dinheiro e que você compre duas passagens de avião pro Rio. Eu e a Lêda vamos pra lá. A gente tem que encontrar o Bernardo.

— Vou providenciar tudo, Darlei — avisou a chefe e amiga, solícita. — Encontrarei vocês no Aeroporto de Navegantes.

— Tá bem. Vou passar na escola da Lêda para buscá-la e pegar uma muda de roupa em casa. Te vejo em breve. Obrigada.

Apesar de Blumenau ser uma cidade vizinha a Indaial, a viagem pareceu durar uma eternidade. Darlei nunca tinha visto tanto carro na estrada. Preso no engarrafamento, sentia uma dor inexplicável na alma. Mergulhado em si mesmo, ele tinha pressa de embarcar para o Sudeste do Brasil e trazer o filho de volta para casa.

Após buscar a esposa na escola e passar com ela no apartamento da rua Bahia, o casal pegou a estrada de novo em direção ao Aeroporto Internacional de Navegantes. No caminho, porém, o telefone de Darlei tocou. Era uma funcionária do Flamengo.

— Seu Darlei, nós precisamos que o senhor venha para o Rio — pediu uma mulher cujo nome ele não guardou.

— Mas e o Bernardo?

— Infelizmente, a gente não tem informações sobre ele.

— Como vocês não têm notícias? — reclamou Darlei, atônito.

O celular de Darlei voltou a chamar no estacionamento do aeroporto pouco depois do meio-dia. Uma mensagem de texto havia acabado de ser enviada pelo patriarca da família. Manzke acompanhava, pela televisão, os desdobramentos do caso na tentativa de conseguir alguma notícia sobre o paradeiro do neto de 14 anos, o goleiro de quem era fã número um.

"O sonho do Bernardo acabou", escreveu, desolado.

4

Longe do ninho

Darlei e Lêda entraram atônitos no saguão do Aeroporto de Navegantes, em Santa Catarina. Tinham acabado de saber que o filho Bernardo, de 14 anos, havia morrido no incêndio do CT do Flamengo. Em choque, os pais do goleiro derramaram um pranto contido, incapaz de demonstrar a dimensão da dor da perda de um filho. Às vezes, nas horas mais difíceis, o indizível se revela no silêncio.

Aiglê, diretora da empresa em que Darlei trabalhava, aguardava na fila do embarque para entregar ao casal as passagens aéreas que havia comprado. Ela e o marido, Alberi, que a acompanhava, estavam profundamente comovidos. Sabiam que nada que dissessem seria capaz de consolar aquela família. Solidários, os dois abraçaram os pais do atleta, oferecendo ajuda.

— Lêda, eu acho que tu devias voltar para Indaial. O Alberi pode ir com o Darlei para o Rio — sugeriu Aiglê.

A professora pensou melhor e assentiu. Ficaria em Santa Catarina para cuidar do filho Murilo, o irmão mais velho de Bernardo. Além disso, os pais, idosos, certamente iriam precisar muito dela naquele momento. Apesar da idade avançada — Manzke tinha 79 anos e a esposa, Olinda, 76 —, eles jamais pouparam esforços para tornar realidade o desejo do neto de jogar futebol. Quando Bernardo tinha apenas 12 anos e precisou se mudar de Santa Catarina para o Paraná, onde treinaria no clube Trieste, o casal renunciou à tranquilidade da aposentadoria para acompanhar o neto. Não pensaram duas vezes ao fecharem a casa confortável de quatro quartos, amplo quintal e jardim, em Indaial, e se mudarem de mala e cuia para um imóvel alugado com menos da metade do tamanho em Curitiba. No sobrado do bairro Santa Felicidade, eles ainda acolheram jogadores cujas famílias não tinham recursos para mantê-los em outro estado, como o goleiro Mycael, que vinha de Rondônia. Myca, como era chamado pelos avós de Bernardo, tornou-se parte da família. A amizade entre ele e o catarinense era tão genuína que os parentes de Bernardo quiseram proporcionar experiências que o rondoniense nunca tinha vivido, como ir ao cinema e viajar para a praia.

Na capital do Paraná, o vô Manzke seguia a pé para o Trieste todas as manhãs, a fim de assistir, da arquibancada, ao treino de Bernardo e de Mycael, que se tornou neto dele também. Já a vó Olinda ia para a cozinha preparar cuca de banana — bolo de tabuleiro feito com a fruta, ovos, farinha de trigo, manteiga e cobertura de açúcar. Beno amava os quitutes dela.

— Vó, a comidinha da senhora está tão boa — elogiava.

Juntos, Olinda e Manzke mimaram Bernardo e viveram com ele o sonho de se tornar ídolo de um país.

— Eu quero ser famoso — dizia o guri desde pequeno.

— Tu já és o nosso famoso — brincava a avó.

Naquele 8 de fevereiro de 2019, o dia que ninguém imaginou viver, Lêda achou que consolaria os pais. Jamais pensou que seriam eles a fortaleza dela.

— Filha, você não fez nada de errado — disse Manzke ao abraçar Lêda e isentá-la de qualquer culpa que pudesse carregar por ela e Darlei terem permitido que Bernardo fosse jogar no Flamengo.

★

No instante em que o nome de Bernardo foi divulgado entre as vítimas da tragédia do Flamengo, Gedson teve certeza de que o filho Gedinho também tinha morrido. Além de terem jogado juntos no Athletico, eles dividiam o mesmo quarto no contêiner incendiado. Coube ao goleiro Bernardo e ao atacante Vitor Isaias, 15 anos, outro ex-jogador do clube paranaense, recepcionarem o recém-chegado no CT do Rubro-Negro. Apesar de os adolescentes terem origens completamente diferentes, o amor pela bola os aproximou e fez nascer um vínculo de amizade entre eles.

Por isso, na semana de estreia de Gedinho na Cidade Maravilhosa, Bernardo e Vitor foram suas companhias. Veteranos, eles até receberam convites de amigos que residiam no Rio para pernoitarem fora do alojamento naqueles dias chuvosos, mas ambos recusaram pelo mesmo motivo: não queriam deixar Gedinho sozinho.

— Seu Gedson, nós procuramos o Gedinho aqui no Flamengo e não o encontramos. O senhor precisa vir para cá — avisou, por telefone, uma representante do clube no fim da manhã daquela sexta-feira.

A ligação havia colocado um fim ao último fio de esperança que Gedson tinha de encontrar o filho vivo. Embora a pessoa que se apresentara em nome do time não tivesse falado em óbito, o pai do jogador sabia que, se ele estivesse no hospital ou entre o grupo de sobreviventes, a equipe do Flamengo certamente saberia. Naquela altura do campeonato, sustentar a hipótese de um possível "desaparecimento" parecia desumano, já que a dúvida era ainda mais cruel do que a constatação da morte.

No escritório, em Itararé (SP), o pai do atleta não tinha a mínima ideia de como iria seguir em frente sem a sua melhor parte. Tudo lhe faltava, inclusive o ar. Também não sabia de que maneira diria a Teresa, 38 anos, que o amor da vida deles tinha morrido aos 14 anos de idade sem que pudessem ter feito nada para protegê-lo.

— O Gedinho é muito esperto. Eu tenho certeza de que ele deu um jeitinho de encontrar alguma passagem e escapar — disse Teresa ao ver o marido entrar em casa. — Mas ele não conhecia nada, nem ninguém no Rio. E se ele estiver perdido?

Gedson reuniu forças para contar a verdade.

★

Andreia conferia o caixa do posto de gasolina em que trabalhava, no bairro de Todos os Santos, no Rio, quando o celular tocou. Como o dia mal tinha começado, a frentista imaginou que era uma mensagem de Christian. Finalmente, o filho tinha respondido ao texto enviado por ela na noite anterior. Às cinco da manhã daquela sexta-feira, quando acordou na casa de Madureira, a mãe do goleiro notou que ele ainda não tinha escrito nada.

Ao olhar no visor do aparelho, Andreia viu que a mensagem recém-chegada não era do filho, e sim de uma amiga que morava em Irajá.

"O Christian está em casa?"

Ela estranhou a pergunta.

"Não, ele está no Ninho", respondeu Andreia.

"Você viu a televisão?"

"O que aconteceu?"

A mulher não respondeu. Apenas enviou uma foto da tela de sua televisão, na qual havia uma legenda que indicava a ocorrência do incêndio no centro de treinamento rubro-negro.

O coração da frentista disparou. Imediatamente, ela telefonou para o filho. Embora o telefone chamasse, ele não atendia. Nervosa, ela entrou no WhatsApp para verificar se Christian estava on-line.

"Filho, seu sonho vai se realizar e você vai conquistar as coisas que está batalhando", escreveu a mãe, na quinta-feira, por volta das oito da noite.

Andreia notou que Christian tinha visualizado o texto, porém, até aquele horário, ainda não havia nenhum comentário do atleta, nem ao menos um emoji.

Chorando, ela telefonou para Paulo, o gerente do posto no qual ela trabalhava. Precisava de ajuda.

— Pega dinheiro no caixa, chama um táxi e vai pro Flamengo — orientou Paulo.

A frentista fez o que ele propôs. Rapidamente, um táxi parou no posto e seguiu com ela em direção ao Ninho do Urubu. No caminho, Andreia ligou para uma tia que morava em Madureira para pedir que ela não deixasse os irmãos de Christian ligarem a TV quando acordassem. Telefonou também para Anna Julya, a namorada por quem o goleiro estava apaixonado.

— Mãe, eu quero me casar com ela — comentou o jogador meses antes.

— Filho, você ainda é muito novo.

— Mas ela é a mulher que eu pedi a Deus. Estudiosa, dedicada e ainda tá me ensinando as coisas da Bíblia.

Andreia conhecia o filho. Sabia que, quando ele colocava uma coisa na cabeça, ninguém o fazia mudar de ideia.

— Anna Julya, ore e peça a Deus pra não ter acontecido nada com ele — pediu Andreia à nora, frequentadora de uma igreja evangélica.

Sensibilizado com a aflição daquela mãe, o taxista pisou fundo no acelerador do veículo, mas a viagem até Vargem Grande pareceu durar uma eternidade. No caminho, Andreia revisitou o passado. Tinha 19 anos quando engravidou de Christian, seu segundo filho. Cristiano, o pai dos dois meninos de Andreia, não tinha renda fixa, assim como ela. Ambos trabalhavam como autônomos e, apesar da luta diária, o orçamento familiar sempre foi apertado. Quando os dois se separaram, Christian ainda era uma criança, mas tomou para si a responsabilidade de cuidar da família. Destaque no futebol, ele tinha certeza de que o esporte seria o passaporte para uma vida melhor.

— Filho, você não tem que pensar em dar um futuro para a mamãe. Pense em você — dizia ela.

— Eu vou conseguir dar uma estabilidade pra você e pro meu pai — respondia o garoto.

Christian tinha apenas 8 anos quando Andreia decidiu cursar faculdade de Serviço Social para buscar algo melhor para si e os filhos. Cinco anos depois, já como atleta do Flamengo, ele assistiu à formatura da mãe. Ela não queria que o goleiro fosse para longe de casa, mas o adolescente insistiu em morar no alojamento.

— Mãe, vai ser bom pra gente. É o meu meio de melhorar, e eu quero isso.

Andreia não conseguiu oferecer resistência. Embora ela nunca tivesse saído do Rio de Janeiro, o futebol permitiu que seu menino conhecesse o mundo, e isso já era um grande capital cultural. No passaporte de Christian, foram estampados carimbos de países dos quais ela só ouviu falar depois que o filho viajou, como a Áustria. Além disso, o jogador passou a ajudar financeiramente em casa. Dos 500 reais que ganhava mensalmente do Flamengo, ele entregava 400 reais para Andreia usar nas despesas domésticas. A cada convocação para treinar pela Seleção Brasileira, ele recebia mais 600 reais. Em janeiro de 2019, quando foi para a Granja Comary pela terceira vez, ele ganhou 1.000 reais.

— Dona, vamos comemorar — dizia Christian para a mãe.

Eram cerca das nove da manhã quando o taxista parou em frente ao CT do Flamengo naquela sexta-feira. Andreia pagou a corrida e desceu aflita na direção do prédio. O lugar já estava cheio de amigos e parentes de jogadores à procura de notícias. Por telefone, Cristiano, pai de Christian, avisou à ex-mulher que a encontraria lá, mas ainda não tinha chegado.

Na portaria, Andreia se apresentou como mãe de atleta. Quando a entrada dela foi liberada, a frentista buscou algum rosto conhecido. Localizou um funcionário que lhe era familiar, embora não se lembrasse do nome dele. Angustiada, ela se aproximou:

— E o Christian? — perguntou agoniada.

O rapaz começou a chorar.

Andreia desmaiou.

★

A morte do filho foi um golpe duro demais também para Alba. A merendeira da Escola Estadual Sebastião Cerqueira precisou driblar a resistência do marido para garantir que Jorge Eduardo realizasse o desejo de jogar no Flamengo. Quando o menino de apenas 12 anos saiu de Além Paraíba, Minas Gerais, para morar no Rio, o mecânico Wanderlei ficou um mês sem conversar com a esposa. Ele não aceitava a ideia de ver o filho partir para longe do ninho. Acreditava que a casa simples em que eles moravam era o único lugar onde o adolescente estaria a salvo de qualquer perigo.

Somente embaixo de seu teto o pai de Jorge Eduardo poderia criá-lo em segurança.

O apoio da mãe foi fundamental para que o atleta agarrasse a oportunidade de jogar no time que tem a maior torcida do Brasil. No Flamengo, ele conquistou a posição de volante e a braçadeira de capitão. Em 2018, o jogador também foi campeão carioca sub-15.

— Mãe, quando eu vencer, eu vou comprar um carro de quatro portas para o meu pai, para a minha vó poder entrar direitinho e não falar que doem as costas. Vou te dar uma casa com um banheiro de rainha, para você me colocar no banho e ficar alisando meu cabelo — planejava o garoto que fotografava todos os banheiros de hotel em que se hospedava. Um dia, a mãe também teria um banheiro dentro do quarto.

A merendeira se divertia com a alegria do filho e os projetos dele. Parceira do menino em tudo, ela o acobertava quando ele voltava para casa depois das dez da noite, horário-limite estipulado pelo pai.

— Jorge, quando você chegar, balança o varal que eu abro a porta devagarzinho pra não acordar o seu pai.

Sempre dava certo. Ao sair da balada, o jogador batia o bambu que sustentava o varal na janela do quarto dos pais para despertar Alba. No meio da noite, quando Wanderlei se levantava para ir ao banheiro, ele sempre passava no quarto que Jorge Eduardo dividia com o irmão, a fim de fazer a conferência. Embora o volante tivesse acabado de se deitar, fingia ter sido acordado.

— O que foi, pai?

— Uai, cê tá acordado?

— O senhor me acordou, né? Tô deitado faz tempo — disfarçava.

Na noite de quinta-feira, dia 7 de fevereiro, Alba conversou com Jorge Eduardo pelo telefone. Já era madrugada de sexta quando notou que ele ainda estava on-line no celular. "Acordado até essa hora? Vai dormir, menino!", escreveu por mensagem. Embora tenha desejado ao filho uma boa-noite, Alba não conseguiu dormir. Teve vontade de rever as fotos de quando Jorge ainda era pequeno. Em todos os registros, ele estava com a bola nos pés ou segurando nas mãos as medalhas dos campeonatos que ganhou.

Quando Alba e o marido, Wanderlei, viajaram de carro de Além Paraíba para o Rio de Janeiro, em busca de notícias do filho, ela já pressentia que ele tinha partido. Em todo o percurso, Wanderlei sustentava o contrário.

— Alba, pode ficar tranquila. O Jorge acorda fácil com qualquer barulhinho. Por favor, não pensa besteira.

Assim que os pais do jogador, finalmente, conseguiram entrar no CT, após o meio-dia, Alba estava atravessada pela dor. Intuía que o filho era uma das vítimas do incêndio, embora ninguém confirmasse isso. Levados pela equipe do Flamengo para uma sala reservada, os dois estranharam a presença de homens engravatados. Pareciam ser advogados do clube.

— Vocês podem voltar para casa, que nós vamos providenciar tudo. Vamos entregar seu filho na cidade dele — disse um homem cujo cargo ele não soube identificar.

— Eu não saio daqui sem meu menino — respondeu Wanderlei.

A morte de Jorge Eduardo destruiu tudo dentro de Alba, inclusive a certeza de ter feito o melhor por ele. Sem o filho, o futuro não existia mais.

★

Em Oliveira, Minas Gerais, Aninha chegou à casa da irmã tentando encontrar palavras para explicar o que nem ela conseguia entender. Encontrou Sara junto ao tanque, no quintal, insistindo em lavar peças de roupa que ela não tinha mais forças para esfregar. A mãe do jogador Pablo Henrique, o PH, só queria que aquela sexta-feira fosse igual a todas as outras. Não suportava sentir o coração arrancado de dentro dela. Por isso não queria que ninguém se aproximasse. Era sua maneira de tentar congelar o tempo ou evitar que aquele dia fizesse parte do calendário da sua vida.

— Irmã, larga essas roupas e vai tomar um banho — pediu Aninha ao tocar o ombro de Sara.

Ao vê-la se aproximar, Sara esfregou a roupa com mais força.

— Não, pra quê? — perguntou com o rosto molhado de lágrimas.

De costas para os parentes, ela insistia em não saber. Sara até ouviu o celular de um primo tocar próximo à horta, mas não quis prestar atenção na conversa.

— Tia Sara, eu preciso conversar com a senhora e com o tio Leitão — avisou o primo André assim que encerrou a ligação.

— Eu já sei — respondeu a cozinheira. — Ele também estava lá, né? — disse, evitando pronunciar o nome do filho.

André balançou a cabeça, confirmando. Sara desabou.

O marido dela se descontrolou. Wedson saiu chutando todos os móveis da casa que encontrou pela frente.

— Não! Não! Não! — gritava o pai do jogador, se recusando a acreditar naquela notícia.

Wedson costumava dizer aos amigos que esperou quarenta anos para ter um "menino-homem". Como poderia aceitar que lhe tirassem o que tinha de mais bonito?

Jeferson, o dono da pensão na qual Pablo Henrique ficara hospedado no Rio antes de se mudar para o Centro de Treinamento do Flamengo, também confirmou que o menino estava entre as vítimas.

— Infelizmente, o nosso menino está no meio — afirmou.

Wedson sentiu a cabeça girar. Em uma fração de segundo, revisitou os catorze anos que viveu ao lado do filho. Lembrou-se do dia em que trafegava pela BR-381, em direção a Contagem, quando Pablo telefonou para ele. Ao ver o nome do filho na chamada, o motorista de transportadora parou o caminhão no acostamento para atender. O ano era 2018.

— O que foi, Nem?

— Pai, eu passei no teste do Flamengo. Falaram que é para eu ir buscar minhas roupas e meus documentos aí em Minas. Também disseram que é para o senhor e a mãe virem aqui no Rio abrir uma conta no banco para mim.

— Passou? Filho, isso é *bão* demais — comemorou Wedson. — Meus parabéns! Vai dar certo!

— Não, pai, já deu certo! — respondeu o menino.

Ao final da ligação, Wedson teve uma crise de choro. Era a primeira vez que chorava de felicidade.

O motorista jamais poderia imaginar que o desfecho da história de Pablo Henrique seria aquele. Era um órfão de filho. Imediatamente, passou a questionar se tinha sido um bom pai para o seu menino. Lembrou-se do desenho que o garoto fez aos 8 anos de idade na escola pública na qual estudava. A professora pediu aos alunos que desenhassem o futuro. "Quando eu crescer, eu vou ser…" Pablo não pensou duas vezes. "Jogador policial", respondeu, desenhando a si mesmo com uniforme de futebol e uma arma na mão. Acima dele, o aluno fez um sol. Desejava brilhar, iluminando a todos com a ginga de seus pés. Era a primeira vez, desde a chegada do filho ao mundo, que Wedson experimentava um mergulho na escuridão.

★

Na capela do centro de treinamento do Caju, em Curitiba (PR), Kenzo, jogador das categorias de base do Athletico, rezava pelas vítimas do incêndio no alojamento do Flamengo. Com 15 anos, o meio-campo conhecia três dos dez jogadores que faleceram. Além de Gedinho e Bernardo, que jogaram com ele no time paranaense, a morte de Vitor Isaias o devastou. O atacante de São José, município da Grande Florianópolis (SC), não era apenas o melhor jogador com quem já tinha dividido a bola. Era, principalmente, o seu melhor amigo.

Descendente de japoneses, Kenzo elegeu Vitor Isaias seu irmão de alma. Conheceu "Negão", como o chamava, no futsal, quando ambos tinham apenas 8 anos. A partir dali, nunca mais se separaram. Embora fossem diferentes em tudo, eles se completavam. Kenzo era um filho desejado, Vitor não. Rejeitado pelo pai e pela mãe biológica, ele foi acolhido por Jackson, o tio paterno. Aos 23 anos, ele decidiu criar o sobrinho sozinho. Solteiro e sem nenhuma posse, até tentou, porém, como trabalhava o dia inteiro em uma indústria de produção de frango, logo descobriu que ia precisar de ajuda.

Foi dona Jô, mãe de Jackson, quem recebeu o neto de 8 meses em sua casa. O combinado era que o bebê passasse as tardes com ela enquanto Jackson estivesse no trabalho. Vitor, contudo, nunca mais saiu do lado dela. Com pouquíssima instrução formal e condição financeira precária, dona Jô fez tudo o que estava a seu alcance para criá-lo. Ela e o neto moravam em um imóvel sem reboco construído por Antônio, o segundo marido dela — tratava-se de um viúvo cujos filhos dona Jô também havia criado. Além de cuidar dos enteados, a avó de Vitor era mãe de cinco filhos, mas não escondia de nenhum que o neto tinha cadeira cativa no coração dela.

Quando Vitor Isaias se aproximou da bola, o amor deles cresceu. No passado, dona Jô tinha comandado um time de futebol feminino em São José. Ela atuava na posição de zagueira, em uma época em que o esporte não era coisa de mulher. De 1941 a 1979, o futebol era proibido para as mulheres no Brasil, por força de um decreto-lei assinado por Getúlio Vargas. A regulamentação da prática feminina no esporte mais popular só veio em 1983. Mas ainda havia muito preconceito. Ela, no entanto, não se importava com o incômodo alheio. Com as crias a tiracolo, ia para o campo viver a sua paixão pelo esporte. Encontrou no futebol um parceiro mais fiel do que o pai dos filhos dela, com quem se casou na adolescência. Devotou-se ao time feminino, batizado de Ponto Júnior e, posteriormente, de Só Nós, como a nenhum homem.

Mas o futebol era um hobby na vida da mulher que começou a trabalhar na meninice. Aos 11 anos, passou a trabalhar como empregada para sobreviver. Mais tarde, conseguiu dinheiro para o sustento da família com o emprego de cozinheira. Quando Vitor alcançou 6 anos de idade, o talento dele com a bola já chamava atenção. Começou a jogar no Figueirense, clube de futebol de Florianópolis, e nunca mais parou. Foi na peneirinha realizada pela Gillette, no centro de treinamento do Avaí, que Vitor e Kenzo se encontraram pela primeira vez. Sérgio Morikawa, pai de Kenzo, impressionou-se com a habilidade do neto de dona Jô. Ao chegar em casa, o consultor de empresas fez questão de contar para a mulher, Janaína, sobre a criança que havia visto jogar.

— Amor, conheci um menino que tu vais se apaixonar. Ele tem um sorrisão. Vou levar ele pra jogar junto com o Kenzo. Esse garoto precisa de oportunidade.

Dito e feito. Sérgio convidou Vitor Isaias para treinar na Associação dos Pais dos Atletas de Futsal de Florianópolis (Apaff). A escola tradicional era comandada por Vilmar Campana, técnico que somava mais de trinta anos de experiência na formação de atletas. Os Morikawa estavam decididos a apoiar o jogador.

— Vitor, tu vai treinar agora cedo, não é? Então almoça lá no tio Sérgio, porque a vó hoje não tem nada para te dar — avisou dona Jô em um dos muitos dias ruins que ela enfrentou.

— Vó, eu até vou para o tio Sérgio, mas não vou contar para ele que não tem nada em casa — respondeu o menino.

Apesar do abismo social que existia entre as duas famílias, a amizade de Kenzo e Vitor Isaias só prosperou. O talento deles, também. Juntos, eles desbancaram o Fluminense por 5 a 0 na final da Taça Brasil de Futsal em 2017, um feito histórico. Na ocasião, os dois jogaram pela categoria sub-13.

Mais tarde, eles se tornaram artilheiros da Federação Catarinense de Futsal. Vitor Isaias alcançou o primeiro lugar, com 47 gols marcados na temporada, e Kenzo garantiu a segunda posição no ranking, com 44. Depois disso, os dois receberam convites para treinar no São Paulo, no Internacional e, posteriormente, no Athletico Paranaense.

Quando Vitor Isaias deixou o clube paranaense para jogar no Rio de Janeiro, a situação financeira da avó dele piorou. Com a morte repentina do marido, ela se viu obrigada a deixar a casa de "salpico" onde morava e se mudar para uma quitinete. No imóvel alugado, ela dividiu com o neto a única cama de solteiro quando ele foi visitá-la na primeira folga que teve no Flamengo.

O jogador da categoria de base do time carioca se comoveu com a situação.

— Vó, a senhora nunca mais vai passar por isso — prometeu o adolescente.

Retornou ao Rio ainda mais decidido a dar uma vida melhor para ela. Dos 500 reais que recebia de ajuda de custo no Flamengo, Vitor enviava 300 reais para a avó. Foi com o reforço desse dinheiro que dona Jô conseguiu alugar um imóvel maior, onde o jogador passou as férias de janeiro de 2019.

O período de folga em casa também foi de reencontro com Kenzo. Os dois continuavam sendo opostos, mas nem se importavam com isso. Vitor Isaias, exibido e namorador, era um exímio dançarino de pagode e funk. Kenzo, mais tímido, curtia vê-lo se divertindo. Independentemente do jeito de cada um, ambos faziam sucesso dentro e fora de campo.

Mergulhado em lembranças, Kenzo não percebeu que a capela onde orava pela memória do amigo havia se enchido de gente. Ao lado dele, estavam os jogadores da categoria sub-15 do Athletico. Mycael, o grande amigo de Bernardo, também estava devastado. A comissão técnica havia convocado todo o grupo para homenagear os meninos do Ninho. De mãos dadas e olhos fechados, os atletas choraram.

★

O drama dos adolescentes que saíram de casa para realizar um sonho e acabaram morrendo distantes de suas famílias causou um sentimento tão devastador na população brasileira que a dor dos parentes dos jogadores se transformou em luto coletivo. O incêndio no alojamento das categorias de base do Flamengo deixou o país estarrecido. Embora ainda não se soubesse qual havia sido o gatilho do fogo nem houvesse confirmação oficial do clube carioca sobre os óbitos, o anúncio da perda precoce de promessas do esporte brasileiro abalou a nação do futebol naquela trágica manhã de sexta-feira e repercutiu ao redor do mundo.

Pelé, o maior jogador de todos os tempos, lamentou o ocorrido pelas redes sociais. "Meu dia começou com as notícias sobre o incêndio no CT do Flamengo — um lugar onde jovens perseguem seus sonhos. É um dia muito triste para o futebol brasileiro", escreveu. Os principais jornais do planeta, entre eles, o francês *L'Équipe*, dedicado ao esporte, o argentino *Clarín* e o espanhol *El País*, também deram destaque para a tragédia.

Depois da breve e vaga postagem das 9h35, o silêncio do Flamengo em relação ao incêndio foi quebrado às 12h25. O presidente do clube, Luiz Rodolfo Landim, manifestou-se junto à imprensa na portaria do centro de treinamento. Abatido, buscou justificar a demora em comentar o assunto.

"[...] Eu estava envolvido em uma série de ações emergenciais e na distribuição de tarefas importantes e só agora consegui me desvencilhar disso. Eu queria dizer pra vocês que, obviamente, estamos todos consternados. Essa é, certamente, a maior tragédia pela qual esse clube já passou nos últimos 123 anos, com a perda dessas dez pessoas. O importante agora é a gente tentar minimizar o sofrimento e a dor dessas famílias, que, certamente, estão sofrendo muito. E vocês podem estar certos de que o Flamengo está cuidando disso e não vai poupar esforços para tentar fazer com que isso seja minimizado ao máximo. O Flamengo também está colaborando com as autoridades para que, vamos dizer assim, a causa desse acidente, desse incêndio, possa ser apurada. Ninguém, mais do que nós, tem maior interesse para que isso ocorra. E, por fim, dizer que todos nós aqui do clube estamos de luto. É uma tristeza enorme que a gente tá sentindo. Não é fácil falar pra vocês. Obrigada a todos e peço desculpas", concluiu Landim em seu pronunciamento, retirando-se em seguida sem que os jornalistas tivessem a oportunidade de fazer perguntas.

Ao retornar para o interior das instalações, Landim cruzou com familiares dos jogadores mortos que estavam sentados próximo à entrada, entre eles, os pais do goleiro Christian e do volante Jorge Eduardo. Apertou a mão de algumas mulheres em sinal de condolência, se afastando em seguida.

★

Darlei e Alberi desembarcaram no Rio de Janeiro por volta das 13h30. Os dois foram recebidos no Aeroporto Santos Dumont por um homem que se apresentou como psicólogo do Flamengo. Encaminhados para uma van que os aguardava, eles foram orientados a esperar pela chegada de outros familiares. Juntos, seriam levados para o hotel Ramada, no Recreio dos Bandeirantes, onde os parentes das vítimas e dos feridos estavam sendo alojados.

O pai de Bernardo e o marido da diretora da empresa onde ele trabalhava, em Santa Catarina, permaneceram no veículo por mais de três horas. Se havia ar-condicionado na van, o equipamento não funcionou. Quando o calor e a espera beiravam o insuportável, uma mulher, acompanhada do irmão, entrou na van. Era Rosana. Mergulhada em sua própria dor, a moradora de Limeira não cumprimentou ninguém. Somente no meio do trajeto é que ela conseguiu conversar.

— O senhor é pai de algum jogador? — perguntou Rosana para Darlei.

— Sim. Eu sou pai do Bernardo — respondeu o catarinense, visivelmente abatido.

— O que falaram para o senhor?

— Que não tinham encontrado meu filho.

Rosana estremeceu.

— Eu sou a mãe do Rykelmo. Até agora, eu não tenho informações sobre o meu filho. Não vejo a hora de encontrá-lo — disse a mulher, alheia ao noticiário. — Uma funcionária do Flamengo me disse, mais cedo, por telefone, que não tinha conseguido encontrar o Rykelmo. Também pudera, deve estar muito bagunçado lá. Ele deve ter corrido e se perdido no caminho.

Penalizados, Darlei e Alberi se entreolharam.

— Qual o nome todo dele? — perguntou Alberi.

— Rykelmo de Souza Viana.

Preocupado, o marido de Aiglê mandou uma mensagem para a esposa, que estava em Santa Catarina. "Por favor, dá uma olhada se um menino chamado Rykelmo está na lista das vítimas", pediu.

Minutos depois, ela enviou a resposta: "Está sim."

Consternado, Alberi mostrou o conteúdo da mensagem para Darlei. Ainda na van, eles decidiram contar a Miguel, tio do jogador e irmão de Rosana, que o sobrinho era uma das dez vítimas. Miguel, que era pastor, recorreu de imediato à própria fé.

— Louvado e bendito seja o nome do Senhor — disse em voz alta, e passou a discorrer sobre o que acreditava serem os propósitos de Deus.

A mãe do jogador manteve-se indiferente ao que se passava à volta dela. "Não... Não... Não", pensava, negando qualquer ideia de perda. Estava otimista e ansiosa para encontrar o filho.

★

Andreia almoçou no Centro de Treinamento do Flamengo, onde permaneceu até as cinco da tarde. Em todo esse período, ela e o ex-marido, Cristiano, não receberam nenhuma confirmação oficial do clube sobre a morte do filho Christian. Embora o nome do goleiro tenha sido um dos primeiros a ser divulgados na mídia, os funcionários mantiveram o discurso de que ainda estavam à procura do atleta.

— Andreia, eu vou embora, porque não tem mais o que esperar — disse Cristiano, já desnorteado.

Exatamente na quinta-feira, ele não falou com o filho por telefone, como fazia todos os dias, e sentia-se culpado por isso. O último encontro deles aconteceu na segunda-feira, dia 4 de fevereiro, quando o jogador participou de uma festa para comemorar o aniversário de 4 anos de seus dois irmãos. Cristiano havia se casado novamente e a esposa dele teve um casal de gêmeos. No fim da festa, Christian despediu-se do pai com um abraço apertado e seu habitual "te amo, coroa".

— Irmão, perdi meu filho, eu sinto. Perdemos o nosso filho — disse Cristiano a Cleyton, um amigo da família que o acompanhou durante todo o dia.

— Calma — dizia ele, embora também soubesse que não havia mais chance de o adolescente ser encontrado com vida.

Antes de deixar o Ninho, Cristiano pediu a outro amigo que levasse Andreia de volta a Madureira. A frentista, que chegou ao CT com a esperança de buscar o filho, saiu de lá com a mesma certeza de Cristiano: a de que o goleiro não tinha sobrevivido. No momento em que o amigo do ex-marido estacionou o veículo em frente ao imóvel na rua Silvio Tibiriçá, Andreia carregava dentro de si uma angústia que nunca sentira. Ao girar a maçaneta da porta, ela percebeu que o filho não voltaria mais para casa.

Lá dentro, era como se tudo estivesse diferente. Embora os móveis da sala de paredes vermelhas permanecessem no mesmo lugar que ela havia deixado quando saíra para trabalhar às cinco da manhã, era como se tudo tivesse mudado. O videogame que ela lutou tanto para comprar para Christian agora parecia apenas um objeto obsoleto.

Abraçada pelo filho Cristiano Júnior e pelo irmão Alessandro, que ela também criava como filho, Andreia desabou. Sem forças, ela precisou deitar-se. Pegou o travesseiro que Christian usou no último fim de semana que passou com a família e abraçou-se a ele. Lembrou-se de quantas vezes o goleiro dividiu a cama de casal com a mãe, embora nem coubesse mais nela. Com 1,80 metro, os pés dele ficavam para fora do colchão. Mesmo dormindo mal, já que ele ocupava todo o espaço da cama, ela adorava ter a companhia do filho. Christian, que falava em se casar, ainda buscava o colo da mãe. Os períodos em que o adolescente estava em casa eram os melhores.

Como seriam os dias agora?

★

Por volta das sete da noite, o motorista da van que levava Darlei, Alberi, Rosana e Miguel estacionou nos fundos do hotel Ramada. A entrada principal, na avenida das Américas, estava ocupada pela imprensa. Tão logo desceram do veículo, eles foram encaminhados para uma sala reservada. O lugar estava cheio de parentes dos jogadores e representantes do clube carioca. Um grande estafe havia sido montado pelo Flamengo, com a presença de médicos, psicólogos, assistente social e coordenadores de diferentes áreas. E, apesar de haver tantos profissionais ali, o pai de Bernardo teve a impressão de que a maioria daquelas pessoas estava tão perdida quanto ele. Era como se ninguém soubesse exatamente o que fazer.

Alba e Wanderlei, pais de Jorge Eduardo, também tinham se deslocado para o hotel. Gedson, pai de Gedinho, já havia chegado. Cristina, mãe de Samuel, fora levada para o Ramada em uma cadeira de rodas. Ela havia passado mal durante a manhã e precisava de cuidados médicos. Dona Jô, avó de Vitor Isaias, não aguentou viajar de Florianópolis para o Rio. Com problemas de saúde, foi representada por Sérgio, pai do jogador Kenzo, melhor amigo de seu neto. Wedson e Sara, pais de Pablo Henrique, também ficaram em Minas Gerais. Werley, o sobrinho deles que jogava no Vasco da Gama, se responsabilizou pelas providências. Já José Damião e Diana, pais do atacante Athila, ainda não tinham chegado. Sem conseguirem voo direto de Aracaju para a capital fluminense, se deslocaram até Salvador, na Bahia. De lá, embarcariam para o Rio de Janeiro.

No hotel, vendo-se em meio a estranhos, Rosana saiu em busca de alguma notícia sobre o filho, capitão da categoria sub-17 do Flamengo.

— Cadê o Rykelmo? — perguntou.

— Dona Rosana, infelizmente o Rykelmo não escapou — respondeu um homem cujo nome ela nem ouviu.

Rosana não conseguiu enxergar nem escutar mais nada. Anestesiada, ela se trancou em seu mundo, isolando-se em meio àquela gente toda. Procurou uma janela onde pudesse encontrar o ar que lhe faltava. Apesar de estar dilacerada, não se permitiu chorar para não contrariar o filho. Afinal, Rykelmo não gostava de escândalo.

Minutos depois, ela encontrou José, seu ex-marido. O pai de Rykelmo estava acompanhado da atual esposa e de parentes. Por um momento, a mãe do atleta pareceu não reconhecer ninguém. Foi Vitória, a jovem namorada que o filho havia levado a Limeira no verão para conhecer a família, que a tirou do estado de entorpecimento.

— Nossa, tia, não dá para acreditar no que aconteceu — lamentou Vitória sem saber ao certo o que dizer.

Rosana ouvia os comentários da adolescente, mas continuava muda. Olhava para os lados, tentando se situar e entender o que estava realmente se passando. "Meu Deus, onde estou?", pensava, procurando agrupar as ideias que seguiam desencontradas. Alguns flashes de memória invadiram seu pensamento. Lembrou-se da infância de Rykelmo. O menino tinha apenas 5 anos quando os pais se separaram. Embora Rosana trabalhasse muito, ela passava boa parte das horas de folga na arquibancada de estádios, assistindo aos treinos do filho. Incentivado pelo pai, o menino começou a jogar aos 6 anos na escolinha do Clube Atlético Paulistano.

— Mãe, para de chorar, porque o Rykelmo está bem cuidado. Ele só vai jogar bola e voltar — disse Vavá, uma espécie de olheiro que se tornou amigo da família quando o atleta estreou na Portuguesa Santista, clube no qual ele ficou por mais de um ano, tornando-se destaque no Campeonato Paulista.

No momento em que a oportunidade de jogar no Flamengo apareceu, os olhos do adolescente brilharam.

— Se minha mãe não me deixar ir para o Rio, vou escondido — brincava, embora Rosana jamais tivesse impedido o filho de jogar.

— Não se tira o sonho de um jogador — ela costumava dizer para ele.

Rykelmo conversava com Rosana sobre seus planos no futebol. Não estava preocupado com a fama, queria apenas encontrar um lugar no mundo onde coubessem todos a quem amava, principalmente a mãe.

— Mãe, meu sonho é jogar bola, ganhar meu dinheiro e dar à senhora a vida que merece — dizia.

Não por acaso, futebol e casa estavam sempre conectados nos desenhos que Rykelmo oferecia para Rosana nos primeiros anos da escola. "Mãe, eu te amo", escrevia o estudante.

Ela nunca se importou com os percalços, desde que o filho estivesse ao lado dela. Dificuldade mesmo seria seguir sem ele.

5

Flamengo até morrer

Menos de dez horas depois de terem escapado com as roupas do corpo do contêiner em chamas, os atletas foram convocados para se apresentar na 42ª Delegacia de Polícia, onde foram ouvidos pelo delegado Márcio Petra de Mello. Acompanhados por psicóloga, conselheira tutelar, coordenador técnico e um advogado criminalista, eles reviveram os momentos de pânico pelo qual passaram. Eram 14h31 quando o primeiro depoimento foi iniciado. As perguntas da polícia se concentraram em torno da estrutura do alojamento, de questões relacionadas ao fornecimento de energia no CT e da percepção dos garotos sobre o local onde o fogo começou, provavelmente no ar-condicionado do quarto 6. Pela primeira vez, os jogadores se deram conta de que o lugar onde dormiam tinha apenas uma porta de entrada e saída, e, por isso, a disposição dos cômodos fez toda a diferença no momento da fuga.

Um nome em especial foi citado pela maioria dos adolescentes. Tratava-se de Marcus Vinícius Medeiros, o monitor de 34 anos responsável por zelar pelos jogadores na noite do incêndio — embora ele não estivesse no contêiner quando o fogo começou. À polícia, os meninos disseram apenas que, no instante em que Marcus Vinícius foi visto, as chamas já tinham consumido parte da edificação. Contaram também que o monitor fez parte do esforço de salvamento de três dos quatro garotos que lutaram, desesperadamente, para fugir pelas janelas gradeadas do contêiner, mas que tudo aconteceu rápido demais.

O fato é que havia ainda muitas perguntas sem respostas, e, assim como a polícia, os meninos do Ninho precisariam de tempo para entender o que tinha acontecido. Exaustos, eles só queriam retornar para casa e abraçar seus parentes. Tinham descoberto que, tão difícil quanto fugir do incêndio, era ter que lidar com as consequências da tragédia. Naquela sexta-feira, eles receberam um título que nunca imaginaram: o de sobreviventes.

★

— Parceiro, como você está? — perguntou, preocupado, um amigo de Samuel Barbosa, 16 anos, por telefone, na manhã do dia 8.

O piauiense era um dos poucos jogadores que não tinham perdido o celular no incêndio. Aliás, a lanterna do aparelho foi fundamental durante a fuga dele.

— Cara, vivo!

— Graças a Deus! Poxa, fiquei sabendo que morreram dez aí — disse o rapaz.

Samuel não sabia.

— O quê?

— É o que a televisão tá falando.

Depois de encerrar a ligação, o atleta ligou a TV. Os funcionários do Flamengo haviam orientado os garotos a não acompanhar o noticiário, mas o desejo de saber o que tinha ocorrido foi mais forte. Sem acesso à lista dos mortos, que já havia sido divulgada de manhã pelo G1 e pela ESPN, Samuel não sabia o que tinha acontecido com o melhor amigo, Rykelmo, o Bolívia. Lembrou-se, então, de tê-lo ouvido gritar várias vezes por socorro.

— Bolívia, Bolívia, vem! — pediu Samuel durante a fuga do contêiner.

Como o atleta não apareceu à porta do quarto em que dormiam, ele continuou chamando.

— Bolívia, segue a minha voz!

Samuel tinha guardado a impressão de tê-lo visto na ambulância junto com outros feridos.

"Eu espero que o Bolívia esteja bem", pensou.

Difícil entender como, em questão de segundos, a vida podia mudar completamente. Samuel queria fugir do contêiner, mas as lembranças do que vivenciou o prendiam àquela madrugada. Era como se tudo acontecesse de novo diante dos seus olhos.

★

Deitado em frente ao beliche de Bolívia, com quem dividia o quarto 5 na noite de quinta-feira 7 de fevereiro, Samuel Barbosa notou que o amigo de 16 anos tinha adormecido antes das 23 horas. Ele, porém, só conseguiu apagar durante a madrugada. Embora o piauiense não estivesse jogando no celular como a maioria dos atletas no contêiner, ele se distraía navegando pela internet. O jogador não entendia como Rykelmo tinha conseguido dormir com tanto barulho em volta — vindo, principalmente, do quarto vizinho ao deles.

A agitação ocorria por conta do *Free Fire*, um jogo eletrônico de ação e aventura no qual até cinquenta jogadores disputavam estratégias de sobrevivência em uma ilha virtual. O jogo tinha se tornado febre entre adolescentes, inclusive os do Ninho.

Ao lado do quarto 5, ocupado por Samuel e Rykelmo, ficava o quarto 1. Parecia confuso, mas a numeração dos dormitórios, no entendimento dos meninos, não seguia o sentido horário. Isso porque, inicialmente, o alojamento tinha apenas quatro módulos, de 1 a 4, sendo o primeiro de frente para a porta, que não era centralizada. Mais tarde, em função da necessidade de aumentar o número de vagas, outros dois módulos — os quartos 5 e 6 — foram implantados.

E, naquela quinta-feira, os três beliches do quarto 1 estavam ocupados. Isso significava que seis atletas, o total da capacidade de cada cômodo, tinham passado a noite lá: os paranaenses Gasparin e Naydjel, de 14 anos, estreantes do alojamento; os paulistas Wendell e Caike, da mesma idade; o carioca Rayan, também com 14 anos; e o tocantinense Kayque, o mais velho do grupo, de 15 anos. Habitualmente, Kayque dormia em outro cômodo, mas naquela noite foi convidado pelo xará, o Caike com C, para jogar *Free Fire* no quarto 1.

Recém-chegado ao Flamengo, o paranaense Naydjel ainda não tinha baixado o jogo de tiros no celular. Nem sabia como jogar aquilo. De certa forma, o morador da pequena Marechal Cândido Rondon sentia-se como um peixe fora d'água, embora soubesse que todo processo de adaptação precisa de tempo para acontecer. Naquele dia, porém, estava especialmente feliz. Durante a tarde, ele conseguira o feito de tirar uma foto com Gabigol, o jogador brasileiro que recentemente tinha sido emprestado ao Flamengo pela Inter de Milão. Treinar no mesmo local que uma de suas maiores inspirações no futebol era um grande estímulo. Empolgado, o atleta da categoria de base postou a fotografia com o ídolo nos *stories* do seu perfil no Instagram. Passou um bom tempo acordado acompanhando a reação da família e dos amigos do Paraná após a publicação.

Era uma da manhã quando Naydjel sentiu o cansaço chegar. Antes de dormir, ele fez uma oração. Tinha aprendido a rezar com Gasparin. Por isso, ajoelhou-se na cama de baixo do beliche e pediu proteção para si e para quem amava.

— Deus, que a gente possa voltar a treinar logo com bola, que o casamento da minha irmã Cynthia seja abençoado e que a próxima semana seja produtiva — balbuciou.

Em seguida, despediu-se dos colegas.

— Boa noite, piazada — disse, usando a gíria típica do Sul do país.

Os meninos do quarto 1 não perdoaram. Aproveitaram para zoar o paranaense.

— Piazada? Isso é português? — brincou um dos atletas.

Naydjel riu. Também iria se acostumar com isso.

★

Natural de Cuiabá, em Mato Grosso, Kennyd, de 14 anos, já tinha se adaptado a quase tudo no alojamento da base, menos ao barulho que os meninos costumavam fazer. Por isso, na quinta-feira, o jogador pediu ao monitor Marcus Vinícius para passar a noite no prédio de alvenaria onde os atletas ainda em teste no clube ficavam instalados. Sentiu-se aliviado ao receber autorização para pernoitar na edificação que ficava bem próxima ao contêiner. Ali encontraria o silêncio de que precisava.

Quando Kennyd apareceu no quarto do prédio vizinho ao contêiner, por volta das dez da noite, Gabriel, de 15 anos, vindo de Franca, São Paulo, ficou extremamente feliz. Em avaliação no clube carioca, ele teria alguém com quem conversar.

★

Já era madrugada de sexta-feira quando Cauan Emanuel, 14 anos, chegou ao CT do Flamengo. O atacante cearense tinha desembarcado no Aeroporto Santos Dumont após pegar um voo em Fortaleza (CE). Retornando do período de férias em Maracanaú, sua cidade natal, ele não via a hora de reencontrar os amigos, que já tinham se apresentado ao time no início da semana. Recebido em solo carioca pelo empresário Vanderlei Nogueira, o jogador, que vestia a camisa rubro-

-negra desde 2017, foi deixado por ele, de carro, no Ninho do Urubu. No CT, Cauan reviu o sergipano Athila, 14 anos, o também cearense Francisco Dyogo, 15, além do capixaba Jhonata, 15, adolescentes com os quais mantinha uma estreita relação de amizade. Depois de se instalar no quarto 2, ele soube pelos companheiros que, na tarde de sexta-feira, haveria um jogo no Maracanã, para testar o VAR. Como a partida ocorreria às 16 horas, eles não viram problema em conversar até as 2h30 da manhã. Precisavam colocar o assunto em dia.

Cauan sentiu falta do zagueiro Arthur. Apesar de ter combinado que jogaria com os garotos, o morador de Volta Redonda (RJ) acabou adormecendo no quarto 4, onde estavam Gedinho, recém-chegado do Athletico, e os catarinenses Bernardo e Vitor Isaias, além do mineiro Pablo Henrique. Com exceção de Vitor Isaias, que completou 15 anos em janeiro, todos os garotos tinham 14 anos. Arthur chegou a convidar o paulista Wendell, da mesma idade, para ficar no quarto 4 com eles. Wendell passou algumas horas por lá, mas decidiu retornar ao quarto 1 por causa da inspeção do monitor. Estreante no alojamento, ele não queria ter nenhum tipo de problema com as regras do Flamengo.

★

Naquele 7 de fevereiro, Arthur estava mais ansioso do que o normal.

— Mãe, a gente vai poder ir embora do CT hoje — disse por telefone naquela manhã de quinta-feira.

— Caraca, filho! O dinheiro do meu pagamento ainda não saiu — explicou Marília, mãe do jogador.

Funcionária da Prefeitura de Volta Redonda, ela vinha sofrendo com o atraso no depósito do salário pago pela administração municipal.

— Mãe, eu tenho 20 reais que você me deu no início da semana, mas não dá pra comprar a passagem.

— Filho, não tem problema. Eu vou arrumar o dinheiro e depositar na sua conta da Caixa — avisou.

Antes, porém, Marília telefonou para a assistente social do Flamengo. Ela confirmou que os garotos seriam dispensados, mas citou a realização do jogo amistoso marcado para a tarde de sexta-feira no Maracanã.

Na quinta, por volta das oito da noite, o filho de Marília telefonou novamente para casa.

— Mãe, você transferiu o dinheiro?

— Não, Arthur. Como você vai vir amanhã, eu ainda vou arrumar. Calma — pediu.

— Tá bem, mãe. Então posso usar os 20 reais para comprar um açaí?

— Pode, meu filho, pode comprar. Amanhã, assim que o pagamento sair, eu transfiro, e vai dar tempo de você vir. Faz o jogo lá no Maracanã, e depois o dinheiro vai estar na sua conta — prometeu.

— Tá bem, mãe. Então, bênção.

— Deus te abençoe, meu filho. Até amanhã — respondeu Marília, despedindo-se.

Arthur não via a hora de voltar para Volta Redonda, sua cidade natal. No sábado, dia 9 de fevereiro, ele faria 15 anos e, finalmente, teria sua tão sonhada festa de aniversário. Todos os amigos da rua onde ele morava já tinham sido convidados pelo Twitter. "Aniversário do pai sabadão", postou o jogador dias antes. Estavam contando as horas para a chegada do aniversariante.

★

Na madrugada de sexta-feira, Alba, mãe de Jorge Eduardo, de Além Paraíba, notou que o filho estava on-line no celular. Por mensagem, ela pediu que ele saísse da internet e fosse dormir. Se havia zoeira no alojamento das categorias de base do Flamengo, o quarto 3, onde o volante ficava, costumava ser o principal foco da alegria. Junto de Jorge Eduardo, estavam Samuel Rosa e Christian. Eles eram campeões em se divertir. Os três, com 15 anos, riam de tudo e, principalmente, de si mesmos. Tarde da noite, os atletas decidiram gravar mais um vídeo no celular. Samuel dirigia as cenas.

— Vem, "negão", vem, "negão", continuar a nossa *live*. Eeee, tô no vídeo — anunciou o lateral-direito.

Christian aproximou-se de Samuel, que já tinha iniciado a gravação.

— Tira foto aí — pediu o primeiro.

— Que tira foto, tô fazendo videozada — respondeu Samuel.

— Tô fazendo videozada, querido — disse o goleiro, imitando Samuel.

— Não, não. Tô fazendo o quê? Videogada — perguntou Samuel, zoando o amigo com a troca da letra z pela g.

— Videozada — repetiu Christian, dando risada.

— Dane-se, não fala comigo, não — interrompeu o *"videomaker"* na brincadeira. — Silêncio, vou ficar bonito. A gente tá no vídeo.

— Tendi — disse o volante Jorge Eduardo, sorrindo para a câmera.

— Tá entendendo? Então, vem pra cá — continuou Samuel, filmando a si mesmo e os amigos.

Atrás dos jogadores, era possível ver detalhes do interior do quarto, como o armário de aço com portas vermelhas, onde guardavam os pertences. Os nomes dos jogadores estavam colados nos escaninhos. Em cima do móvel, havia diversas chuteiras coloridas.

— Aqui... Eu vou apresentar — disse Samuel, interrompendo a própria fala.

Nesse momento, Christian ficou de costas para o vídeo. Samuel o puxou de volta, dando um peteleco no amigo.

— Vem cá... Eu vou apresentar...

— ... a rapaziada do quarto 3 agora — completou o mineiro de Além Paraíba.

— Tá entendendo, né? — continuou Samuel.

Christian falou ao fundo da gravação.

— É o quarto "tlês", só tem nós "tlês" aqui. O resto tudo é do quarto 1.

— Que isso, Christian, não fala, não. Você fala "tlês" aí — zoou Samuel.

Jorge Eduardo também não perdoava.

— Tá atrapalhando nossa *live* — disse, rindo.

— E aí, mande um salve pra sua... — pediu Samuel a Christian.

— ... gata — complementou Jorge Eduardo.

— Pra... fala aí — pediu mais uma vez Samuel, sem lembrar o nome da namorada do amigo.

— Para a baroa — disse Christian, referindo-se ao termo "baronesa".

— Baroa, não, menino, ela tem nome — continuou Samuel.

— Te amo — disse Christian, mandando beijinho para a câmera do celular e fazendo um coração com as mãos.

— Que isso — brincou Samuel. — Vai lá, foca só nele.

O goleiro deu uma gargalhada.

— Vai, moleque, manda o bagulho aí — insistia. — Carinhoso, vai lá — pediu o lateral-direito.

Christian, então, começou a cantar a música "Nossa sala", de Thiaguinho.

— *Vou conseguir a nossa casa, tô correndo porque o tempo passa, haja o que houver eu vou lutar até o fim, a minha promessa é te fazer feliz. Depois de um dia cansativo...*

— Aêêêêê — disse Samuel, aplaudindo. — Gostei, gostei — afirmou, encerrando a gravação de um minuto e três segundos.

Mais tarde, Pablo Ruan, 16 anos, que era de Londrina, no Paraná, se juntaria ao grupo.

★

A vinte dias do aniversário de 17 anos, Filipe era um dos jogadores mais velhos no alojamento do Flamengo. Natural de Araçuaí, cidade mineira com 34.297 habitantes, o atleta tinha apenas 11 anos quando se viu longe dos pais. O atacante renunciou à convivência com a família e às brincadeiras de pique-pega na rua para correr atrás do sonho de se tornar um jogador. Inicialmente, mudou-se para Belo Horizonte, onde passou a treinar no Cruzeiro, sendo acolhido na residência de um colega do time. Mais tarde, com 14 anos, ficou alojado na Toca da Raposa, o centro de treinamento do clube de Minas Gerais. Com a camisa azul e branca, ele voou longe. Foi jogar na China, mas a viagem não deixou saudades. Não conseguia comer as comidas asiáticas, o cheiro lhe dava náuseas. De volta ao Brasil, trouxe aventura na bagagem.

Ocupante do quarto 6 no alojamento do Flamengo, Filipão, como era chamado pelos outros atletas, não jogou *Free Fire* naquela noite. Preferiu ficar navegando na internet no celular. Um ano mais jovem que o mineiro, o paulista Felipe, o Felipinho, também estava no cômodo. Foi ele quem convidou Jean, que geralmente dormia no quarto dos fundos do contêiner, longe da porta de saída, para passar a noite com eles. O grupo foi se deitar depois da uma da madrugada. Já era sexta-feira.

Ansioso com a proximidade da sua festa de 15 anos, Arthur continuava acordado no quarto 4. Às 3h58 da madrugada, ele escreveu no Twitter: "geral dormindo". Continuou desperto até as 4h17, horário de sua última mensagem: "fuiZzz".

★

O dia ainda não tinha clareado quando Filipão acordou. Por volta das cinco da manhã, ele sentiu-se incomodado com o calor que fazia no quarto 6. Com o ar-condicionado ligado na temperatura mínima, não era comum que o ambiente ficasse quente daquele jeito. Pensou que o aparelho devia estar com algum defeito — dias antes, tinha passado por revisão.

Deitado no colchão de baixo do beliche, ele abriu um olho só. Estava com preguiça de se levantar. Da cama, notou que havia fogo no aparelho e que as peças de plástico estavam se derretendo e pingando no colchão. Imediatamente, compreendeu que era algo mais sério. Assustado, Filipão pulou da cama, pegou o telefone celular e sacudiu Jean pelos braços. O atleta dormia no beliche ao lado do dele. Também acordou Felipinho.

— Tá pegando fogo! — gritou Filipão pelo corredor do contêiner.

Filipão e Jean foram até o bebedouro com a intenção de conseguir água para apagar as chamas, mas logo perceberam que a medida seria ineficaz. Assim que retornaram ao quarto 6, viram que o fogo tinha se alastrado rapidamente pelo teto. Filipão, então, pediu a Jean que fosse procurar o monitor Marcus Vinícius, para que um adulto pudesse ajudá-los. Antes de deixar o contêiner, o jogador reparou que Felipinho tinha adormecido novamente. Desesperado, ele sacudiu o amigo.

— Cara, tá pegando fogo! Vamos sair — berrou Filipão.

Jean abriu a porta do contêiner, acendeu a luz do corredor e foi o primeiro a deixar a caixa de aço. Filipão saiu logo em seguida. Ao olhar para trás, ele entrou em desespero.

— Caralho! — gritou, notando que as chamas tinham se alastrado para os outros quartos.

Filipão decidiu voltar para chamar pelos outros. Lá dentro, percebeu que a fumaça preta tinha tomado conta da edificação. Assustado, saiu correndo. Felipinho foi o terceiro a deixar o contêiner. Ele colocou a camisa que usava sobre o rosto para se proteger da fumaça. Jean quis retornar para o interior do alojamento, mas foi contido pelos amigos. Do lado de fora, os três começaram a ouvir gritos de socorro. Vinham do quarto 5.

★

Samuel Barbosa despertou com o calor. Como estava com muito sono, ele decidiu cobrir a cabeça com o lençol para voltar a dormir.

— Gente, tá pegando fogo no ar-condicionado! — ouviu.

A frase, dita aos berros por Felipinho, chamou sua atenção. Inicialmente, ele pensou que pudesse ser mais uma trolagem dos moleques. Mas, como estava muito quente no quarto 5, decidiu se levantar. Procurou os óculos, sem encontrá-los. Foi tateando em meio à escuridão que conseguiu localizar o celular. Somente quando acendeu a lanterna foi que percebeu a quantidade de fumaça. Apavorado, abriu a porta do quarto e foi surpreendido pelo fogo. Com a camisa sobre o rosto, chamou duas vezes por Rykelmo.

— Bolívia, Bolívia, tá pegando fogo! — berrou, correndo em seguida.

Rykelmo conseguiu se levantar, mas as chamas já haviam tomado conta do corredor.

— Socorro, socorro! — começou a gritar o volante.

— Bolívia, Bolívia, vem! — implorou Samuel.

— Socorro! — pedia o adolescente.

— Bolívia, segue a minha voz! Segue a minha voz! — insistia Samuel, iluminando a entrada do contêiner com a lanterna do seu celular.

Transtornado, Samuel continuou à espera do amigo. Maria Cícera, funcionária da lavanderia que havia acabado de chegar de ônibus ao Ninho do Urubu para iniciar o turno de trabalho, aproximou-se dele. Na entrada do alojamento, ela chamou pelos outros jogadores. A fumaça preta, porém, já havia tomado conta do local.

★

No quarto 1, Wendell também se sentiu incomodado com o calor. Embora ocupasse a cama de cima do beliche, a mais próxima do ar-condicionado, ele não tinha dormido bem naquela noite. Até tirou a coberta na tentativa de amenizar o mal-estar, mas continuou agoniado. Decidiu se levantar, descer as escadas do beliche e lavar o rosto próximo ao banheiro. Ao retornar para o quarto, procurou pegar no sono, mas não conseguiu cochilar. Intimamente, estava preocupado.

"Está acontecendo alguma coisa", pensou. Instintivamente, ele saltou do beliche e acendeu a luz do quarto. A lâmpada, no entanto, piscou e apagou. Mesmo sem luz, Wendell percebeu que o cômodo estava tomado por fumaça. Também havia fogo no teto.

Desesperado, ele enfrentou a escuridão para acordar os amigos. Passou em todas as camas, só não conseguiu encontrar Gasparin.

"Meu Deus, onde está esse menino?", preocupou-se. Wendell imaginou que ele já tivesse saído do quarto.

Em meio ao breu, encontrou a cama de Naydjel. O paranaense dormia na parte de baixo do mesmo beliche que o seu. Wendell o sacudiu.

— Acorda, pô. Tá pegando fogo!

Com sono muito pesado, Naydjel até abriu os olhos, mas acabou voltando a dormir.

Kayque acordou com o barulho feito por Wendell. Assustado, ele também pulou da cama de cima do beliche no qual dormia. Caike e Rayan fizeram o mesmo.

Ainda sonolento, Naydjel abriu os olhos pela segunda vez. Pensou que os piás estavam armando alguma coisa para cima dele, como a brincadeira do corredor polonês. A fileira de "castigos físicos" costumava ser organizada para recepcionar os jogadores novatos. "Nossa, vai ser agora", imaginou.

Naydjel só percebeu que não se tratava de mais uma pegadinha quando viu Gasparin dando um pulo em direção à porta. "Cara, por que o Gasparin pulou?", perguntou-se mentalmente.

— Tá pegando fogo! — berrou Wendell novamente, correndo em direção à saída.

Como o quarto 1 ficava exatamente em frente à única porta de entrada e saída do contêiner, Naydjel e os outros garotos seguiram a luz da lanterna do celular de Samuel, que permanecia em frente ao alojamento à espera de Rykelmo.

Rayan foi o quinto a deixar o contêiner. Gasparin saiu logo em seguida, acompanhado por Wendell, Naydjel e Caike. Tocantins, como o Kayque de Formoso do Araguaia era chamado, foi o último a sair do contêiner pela porta. Maria Cícera pediu que corressem para longe dali.

Fora do alojamento, eles encontraram Samuel chorando.

— Meu Deus, meu Deus, o Bolívia! — repetia.

Naydjel e Gasparin se entreolharam.

— Gasparin, o que é isso? — perguntou, perplexo.

Naydjel sentiu um ímpeto de entrar novamente no contêiner, mas se lembrou da tragédia da boate Kiss, no Rio Grande do Sul.

"Quem voltou para ajudar morreu", pensou o atleta, recuando.

Samuel manteve-se na entrada do contêiner na expectativa da saída de Rykelmo. Mas uma explosão o obrigou a se afastar dali.

★

Quando o paranaense Pablo Ruan acordou na cama de cima de um dos beliches do quarto 3, o desespero já havia tomado conta de Samuel Rosa e Jorge Eduardo. Primeiro a acordar, Jorge Eduardo chamou os outros. Ao ouvir os gritos, Pablo Ruan pulou da cama e notou que o cômodo já estava completamente tomado por fumaça. Sem nenhuma visibilidade e com dificuldade para respirar, ele tentou sair com os garotos pela porta de correr, mas descobriu que estava emperrada.

O problema na porta já tinha ocorrido antes. Se ela batesse com força no beiral, travava por dentro. Se isso acontecesse, só seria possível sair do quarto caso alguém abrisse por fora. A certeza de que estavam presos e não teriam a mínima chance de escapar do incêndio amplificou o desespero dos jogadores. A todo momento, Jorge Eduardo pedia aos companheiros que mantivessem a calma, embora a inalação da fumaça os deixasse desorientados. Estranhamente, Christian foi o único do grupo que não esboçou reação. Deitado na cama de baixo do beliche, ele não abriu os olhos nem se mexeu.

O calor no ambiente era tão intenso que Pablo Ruan teve a impressão de que iria desmaiar a qualquer momento. Se isso acontecesse, seria o seu fim.

— Vem pra janela. Respira, respira — gritava Jorge Eduardo.

Pablo Ruan seguiu o conselho do amigo. Com o peito encostado no beiral, ele se esforçava para buscar o ar e encontrar uma forma de quebrar as grades que impediam a fuga deles. No momento em que se aproximou da janela, viu que o aparelho de ar condicionado do quarto ao lado estava pegando fogo. Tomou fôlego e procurou abrir a porta novamente, sem sucesso.

Sentindo as forças se esvaírem, Pablo Ruan voltou para a janela e tentou sair mais uma vez. Movido pelo instinto de sobrevivência, decidiu fazer o que parecia impossível: espremer-se entre as grades de alumínio, cujo vão media cerca de 12 centímetros. Com 1,80 metro e 73 quilos, ele forçou a passagem do corpo por entre as hastes, mas a temperatura já estava elevadíssima. Conseguiu enfiar a cabeça. Em seguida, passou o tórax, se lançando para fora do contêiner.

Queimado e com ferimentos nas costas, ele se levantou do chão e ainda chamou por Samuel Rosa e Jorge Eduardo. Não conseguiu mais ouvir o som da voz deles.

Desesperado para salvar os amigos, Pablo Ruan pediu a ajuda de um funcionário do clube, que tentava arrancar as grades das janelas do quarto 2. Lá dentro, Jhonata, Cauan e Francisco Dyogo imploravam por socorro.

— Pelo amor de Deus, não me deixem morrer! — pedia Jhonata, em pânico.

Aflito, o auxiliar de segurança Benedito Ferreira se empenhava em resgatá-los. Foi Daniele, auxiliar de serviços gerais, quem avisou sobre o incêndio. Ela preparava o café na cozinha quando o fogo começou.

No quarto 2, o calor era tão intenso que os jogadores não conseguiram ficar de olhos abertos. Tão logo saltou do beliche, Cauan sentiu o chão fervendo. Estava tão quente que a borracha dos seus chinelos derreteu. Como o fogo havia tomado conta do corredor, não havia mais como escapar pela porta. Mesmo com os pés queimados, Cauan se dirigiu até a janela fabricada com chapas de aço e tentou arrancar as grades de alumínio. A temperatura elevadíssima impediu que ele continuasse a tocar na estrutura. "Meu Deus, o que eu vou fazer aqui?", pensou Cauan, que estava sem camisa.

O jogador sentiu as orelhas arderem e o couro cabeludo queimar. A pele começava a se desprender do corpo.

— Socorro, socorro, me ajuda! — gritava, dando chutes e socos na janela.

Do lado de fora do contêiner, o monitor Marcus Vinícius lançava objetos contra a janela com a intenção de quebrar as básculas de vidro.

Como a grade permaneceu intacta, Cauan percebeu que ele e os amigos não conseguiriam sair. O fogo tinha tomado conta de tudo. Apavorado, começou a bater o pé contra a parede do contêiner.

— Socorro, eu vou morrer aqui! — continuava a gritar.

O tempo estava se esgotando. Em choque, ele colocou as mãos no rosto e se agachou, esperando a morte. Pelo menos, terminaria rápido, pensou. Em um ímpeto, porém, decidiu se levantar e chutar a janela uma última vez. O gesto desesperado rendeu-lhe um corte na coxa, mas abriu caminho para a fuga dele e de outros meninos. Jhonata, que já estava com a camisa em chamas, jogou-se para fora do contêiner com a ajuda do segurança. Francisco Dyogo também pulou e foi amparado por Benedito.

Antes de sair do cômodo, Cauan tentou acordar Athila mais uma vez. Dos quatro, ele foi o único que não esboçou reação. Sacudiu o amigo, mas percebeu que o pior já tinha acontecido. De volta à janela cuja grade ele quebrara, o atleta passou o corpo de lado. Após jogar-se para fora, caiu de costas no chão. Encontrou Jhonata em estado grave.

— Pelo amor de Deus, eu preciso de um banho gelado. Não estou aguentando de dor. Me desmaia, me desmaia! — implorava.

Penalizado com a situação do amigo, Cauan, que também estava ferido, correu em direção ao módulo profissional para conseguir ajuda. Francisco Dyogo foi atrás. Muito debilitado, Jhonata ficou aguardando por socorro.

— Moço, tá pegando fogo na base, eu acho que muita gente vai morrer — disse Cauan, aflito.

Não obteve a ajuda que esperava. Como resposta, ouviu do funcionário que ele não poderia se ausentar dali.

Após beberem água, os dois retornaram para as proximidades do alojamento e se depararam com duas ambulâncias, nas quais receberam atendimento.

Benedito e o monitor Marcus Vinícius permaneceram nos fundos do contêiner na esperança de resgatar outros atletas. Quando o teto desabou, perceberam que nada mais poderia ser feito.

★

Muito nervoso, Gasparin dirigiu-se para o prédio de alvenaria onde Kennyd e Gabriel tinham passado a noite.

— Acorda, acorda, Gabriel! O alojamento tá pegando fogo!

Gabriel sentou-se na cama, olhou para o jogador e voltou a dormir.

Gasparin deu um tapa em um dos pés dele.

— Eu tô falando sério! O alojamento está pegando fogo!

Atordoado, Gabriel se levantou. À porta do quarto, ele viu o jogador Pablo Ruan sem camisa e com as costas sangrando.

Apavorado, deixou o prédio e correu para a frente do contêiner. O alojamento tinha virado uma imensa bola de fogo.

De volta ao imóvel de alvenaria, Gabriel foi falar com Naydjel.

— Cadê o Gedinho? — perguntou, aflito.

O paranaense não sabia.

Gasparin chorava.

— Eu também não achei o Gedinho. Cadê ele?

Atordoado, Gasparin pediu a Kennyd o celular dele emprestado. Precisava ligar para a casa da família, em Curitiba.

— Pai, pai, está pegando fogo aqui... — disse, chorando — ... e os meus amigos estão lá dentro!

★

A saída de Pablo Ruan pelo vão das grades do quarto 3 fez com que Jorge Eduardo e Samuel Rosa também quisessem escapar da mesma forma. No entanto, como a proporção do incêndio se agravou em segundos, a corrida contra o tempo encontrou os dois amigos muito debilitados. Embora Jorge Eduardo tenha acordado três dos quatro atletas de seu quarto — Christian não reagiu em nenhum momento —, ele aspirou muita fumaça e perdeu a consciência.

Horas depois, os corpos de Jorge Eduardo e de Samuel seriam localizados pela perícia, recebendo os números cinco e seis. Em um primeiro momento, eles pareceram estar na posição de boxeador, muito comum entre carbonizados. No caso dos atletas, entretanto, os peritos puderam notar que os corpos deles se fundiram um no outro. Embora Samuel fosse mais baixo que Jorge Eduardo, a perícia percebeu que, na derradeira tentativa de escapar do fogo, Samuel — literalmente — carregara o amigo nas costas.

★

Gedinho e os outros jogadores que dormiam no quarto 4 também se viram encurralados pelo fogo. Apesar de o cômodo ser o mais distante do quarto 6, era o mais próximo do muro de alvenaria de uma construção adjacente ao contêiner, uma espécie de depósito de material esportivo. Como não tinha por onde escoar, em função dos blocos de cimento da edificação, o calor se concentrou com maior intensidade exatamente naquele ponto, atingindo pelo menos 600 graus Celsius antes de o fogo ser controlado pelos bombeiros.

A temperatura estava tão elevada e a cortina de fumaça tão densa que os meninos perderam a orientação espacial. E mesmo com a capacidade de decisão comprometida e a visibilidade nula, Gedinho, Bernardo, Vitor Isaias, Arthur e Pablo Henrique conseguiram a façanha de deixar o quarto 4. Em um gesto extremo de coragem, os cinco atletas lutaram por suas vidas.

Gedinho foi o primeiro a alcançar o corredor, seguido por Pablo Henrique e Vitor Isaias. Arthur veio atrás. O goleiro Bernardo, filho de Lêda e Darlei, correu para o lado oposto ao da saída. Encontrou um painel metálico de poliuretano que fazia a vedação do contêiner e desmaiou próximo ao banheiro do alojamento. Arthur, filho de Marília, perdeu os sentidos quando passava entre os quartos 3 e 2. Vitor Isaias, neto de dona Jô, e Pablo Henrique, filho de Sara e Wedson, avançaram juntos, ajudando um ao outro, mas perderam a consciência em seguida. Gedinho conseguiu ir tateando pelas paredes do alojamento até se aproximar da porta. O filho de Teresa e Gedson perdeu as forças a menos de meio metro da saída.

Quando os bombeiros chegaram ao Ninho do Urubu, vinte minutos após o início das chamas, não havia mais nenhuma chance de salvar os adolescentes.

6

A lista

Em patrulhamento na manhã de sexta-feira, o sargento Marcos Nascimento de Paula e o subtenente Rodrigo de Oliveira, do 31º Batalhão, foram acionados pelo Centro de Controle Operacional da Polícia Militar do Rio de Janeiro às 6h30. O chamado viera da Maré Zero, responsável pelo despacho de viaturas e gerenciamento de informações operacionais. O Corpo de Bombeiros precisava de apoio numa ocorrência em andamento no Centro de Treinamento George Helal. Duas Unidades de Suporte Básico já tinham sido empenhadas. Quando os PMs chegaram ao CT do Flamengo, verificaram que o alojamento das divisões de base tinha sido completamente destruído por um incêndio já controlado pelos bombeiros. Com vários corpos carbonizados no local, nada mais poderia ser feito na área do contêiner. O socorro, então, foi direcionado aos jogadores feridos.

Cauan Emanuel e Francisco Dyogo, dois dos quatro atletas que haviam escapado do incêndio por entre as grades das janelas, foram atendidos pela capitã Liana na Unidade de Suporte Básico 202. Já Jhonata, que estava junto com eles, porém em estado mais grave, foi encaminhado pelo capitão Friori para a Unidade de Suporte Básico 214. Coberto de fuligem e com cerca de 30% da superfície corporal queimada, Jhonata foi colocado na ambulância, onde implorou para ser anestesiado. Como o rosto, o pescoço, o tórax e as mãos do atleta tinham sido atingidos, ele sentia uma dor lancinante. Mesmo depois de receber os primeiros socorros, o jogador continuava pedindo ajuda:

— Pelo amor de Deus, eu não estou aguentando!

Na ambulância ao lado, Cauan Emanuel e Francisco Dyogo ouviam os gritos do amigo. Penalizados, eles só queriam que aquele pesadelo acabasse logo para todo mundo.

A cena chocante impressionou Naydjel e Gasparin. Impactados com a situação de Jhonata, eles se sentaram no meio-fio e começaram a rezar. Samuel Barbosa também estava em choque, mas insistia na busca pelo amigo Rykelmo.

Antes de os bombeiros chegarem — eles foram acionados logo após o início do incêndio —, os atletas Wendell, Jean e Filipão, além do monitor Marcus Vinícius e do auxiliar de segurança Benedito, haviam tentado apagar as chamas no contêiner com o uso de extintores, mas o alojamento já estava consumido pelo fogo. A inalação de grande quantidade de fumaça fez com que Wendell sofresse uma crise respiratória. Ele foi encaminhado para a ambulância, onde recebeu oxigênio.

Apesar do trauma pelo qual passaram, os atletas envolvidos na tragédia ainda acreditavam que os companheiros estivessem a salvo. Com o passar das horas, a esperança foi se dissipando. Depois que os bombeiros conseguiram apagar as chamas, Marcus Vinícius reuniu os adolescentes próximo à área do refeitório para fazer uma conferência. Tinha nas mãos a lista de frequência dos atletas, obrigatória para controle do monitor da noite. O documento, renovado semanalmente, era essencial para o acompanhamento dos jogadores que pernoitavam no CT. A lista que estava com o monitor referia-se à semana de 4 a 10 de fevereiro. Se o calendário não tivesse sido atravessado pela tragédia, o relatório teria sido válido até o domingo.

Ao todo, 44 nomes de atletas estavam registrados no documento, o que tornou ainda maior o desespero dos funcionários e dos próprios adolescentes. Quando a chamada começou, o monitor colocou as iniciais "F," de falta, ou "C", de casa, junto a dezoito nomes. Eram os jogadores que moravam no entorno do CT, que ainda não tinham se apresentado naquela semana ou que dormiram fora do Ninho do Urubu, em função do cancelamento do treino de quinta-feira depois do forte temporal que devastara o Rio.

Havia, no entanto, outros 26 atletas em situação indefinida. Os nomes deles estavam em ordem alfabética.

Arthur era o primeiro da lista.

Os jogadores se entreolharam procurando pelo colega. Alguém se lembrou de que o atleta de Volta Redonda tinha planejado viajar mais cedo para casa, mas Wendell confirmou ter jogado *Free Fire* com ele, no contêiner, na noite de quinta-feira. Por isso, a coluna que relacionava a frequência do jogador com os dias da semana foi deixada em branco naquela sexta-feira. O nome de Athila também não foi marcado. Bernardo era o quarto nome da lista e o terceiro que não recebeu o "P", de presente. Caike e Cauan Emanuel, que estava ferido, responderam à chamada, mas Christian não. Francisco Dyogo, Felipinho e Filipão tiveram a coluna de sexta-feira preenchida com a letra P. Já Gedinho, o jogador de Itararé recém-chegado às categorias de base do Rubro-Negro, não foi visto por ninguém durante a fuga do contêiner. Jean, Gasparin e Jhonata, por sua vez, receberam "presente". No entanto, o nome de Jorge Eduardo ficou em branco. Havia dois Pablos no alojamento, mas apenas Pablo Ruan teve a presença confirmada. Rayan respondeu à chamada, mas Rykelmo não. Samuel Barbosa, do Piauí, ainda tinha esperanças de que o amigo tivesse sido levado para o hospital. Já Samuel Rosa ficou fora da lista dos jogadores presentes. Vitor Isaias também não foi visto quando o dia amanheceu.

 Na prática, o clube detinha desde cedo o nome dos meninos provenientes de cinco estados brasileiros que dormiram no alojamento naquela noite de quinta-feira e não saíram do contêiner quando o fogo começou, às 5h14 da manhã de sexta. Entretanto, não houve manifestação oficial sobre a lista, nem quando o então vice-governador do Rio, Cláudio Castro, disse à imprensa, equivocadamente, que haveria funcionários do clube entre as vítimas do incêndio. "O Flamengo só vai se pronunciar oficialmente após a identificação das vítimas", informou a imprensa pela TV, anunciando a criação de um comitê de gestão de crise pelo clube.

Durante toda a sexta-feira, parte das famílias das dez vítimas ainda nutria a esperança de encontrar seus meninos vivos. Já os parentes dos sobreviventes não conseguiam acreditar que os garotos realmente estivessem em segurança.

★

— Beto, eu preciso ver meu filho — pediu Fernanda assim que recebeu por telefone a informação de que Wendell tinha sobrevivido. — Não dá apenas para ouvir que ele está vivo. Eu tenho que vê-lo.

O pedido de Fernanda foi dirigido a Beto Mendes, que gerenciava a carreira do filho dela.

— Fernanda, calma, a entrada no Ninho do Urubu ainda não foi liberada. Assim que eu conseguir encontrá-lo, vou colocá-lo na linha com você — prometeu Beto.

A solicitação de uma chamada de vídeo dirigida a Fernanda, quase duas horas depois daquela conversa, a fez estremecer.

— Filho! — comemorou a mãe de Wendell ao vê-lo, finalmente, são e salvo. — Você está vivo! — disse, emocionada.

Ela tentou conter as lágrimas. Não queria que o jogador ficasse mais abalado do que já estava.

Visivelmente abatido, o atleta tentou sorrir, deixando parte do aparelho fixo que usava à mostra. O esforço do adolescente para acalmar a sua família comoveu a todos, principalmente a mãe do jogador. Fernanda conhecia o filho. Pela voz dele, ela percebeu quanto Wendell tinha mudado. É como se a intensidade do sofrimento pelo qual passou tivesse forçado o seu amadurecimento da noite para o dia. Ela não disse nada, apenas sentiu mais vontade de levá-lo para casa. Precisava acolher o filho e mostrar que ele não estava sozinho.

— Mãe, meus amigos! — lamentou o adolescente.

— Que tristeza, meu filho.

— Mãe, eu estou feliz por ter saído. Mas também estou muito triste pelos que se foram.

Apesar de ter conseguido acordar todos os atletas do quarto 1, onde ele e cinco outros jogadores dormiam, Wendell se sentia culpado.

— Eu poderia ter feito mais, mãe — desabafou.

— Filho, você fez muito. Conseguiu se salvar e ajudar seus amigos — consolou a mãe do jogador.

Beto interveio na conversa e prometeu a Fernanda que acompanharia Wendell até ele ser liberado para ir para casa. Ele o levaria de carro para Diadema.

— Vou cuidar dele como se fosse meu filho — garantiu.

A diarista sentiu uma enorme gratidão pela demonstração de empatia do ex-jogador.

Antes de deixar o Ninho do Urubu, Beto fez uma foto com o adolescente e postou nas redes sociais. "Gostaríamos de informar que o nosso atleta Wendell Parafuso está bem com a graça de Deus, que Deus tenha misericórdia e conforte os familiares das vítimas. #luto", escreveu.

★

Longe dali, no Instituto Médico Legal Afrânio Peixoto, uma corrida contra o tempo se iniciava. Desde que as vítimas do incêndio no Flamengo foram levadas para o prédio da avenida Francisco Bicalho, na tarde de sexta-feira, a diretora Gabriela assumiu para si a difícil tarefa de identificá-las. Tinha consigo uma cópia da lista com os dez nomes de jogadores que dormiam no contêiner no horário em que o fogo começou e não deram entrada em nenhum hospital da cidade. Restaurar a identidade daqueles adolescentes, para que os corpos pudessem ser devolvidos às respectivas famílias, não era só um dever profissional, mas também um ato de dignidade. Os jogadores das categorias de base mortos no alojamento do clube carioca tinham perdido tudo. Era preciso devolver-lhes ao menos os nomes.

Os exames iniciais, feitos com a ajuda dos técnicos de necropsia Maxwell Tostes e Rubens Ghidini, revelaram que, apesar de terem sido expostos a temperaturas elevadíssimas durante o incêndio na madrugada, metade dos dez jogadores do Flamengo morreu asfixiada por inalação de monóxido de carbono. Nos casos em que há falta de oxigênio, a perda de consciência e o óbito acabam sendo quase imediatos. A diretora do IML encontrou sinais de reações vitais às queimaduras de terceiro grau nos corpos de outras cinco vítimas do Ninho do Urubu, como a incidência de bolhas na pele.

Essa, no entanto, era apenas a primeira descoberta. Havia muito trabalho pela frente, e a legista tinha decidido de antemão que a realização do exame de DNA estava descartada, pelo menos temporariamente, em função do longo tempo de espera do resultado. Ela precisaria empregar outras técnicas disponíveis na medicina legal, a fim de buscar respostas para as famílias dos jogadores. Gabriela sabia que a localização de algumas particularidades, como o uso de aparelhos nos dentes, ajudaria a reduzir o campo de investigação. Nessa etapa, ela contou com a ajuda do odontologista forense Marcos Paulo Salles Machado. O papiloscopista Marcelo Roriz também trabalhou no caso. Além deles, o ortopedista dos jogadores das categorias de base do clube carioca, João Marcelo Amorim, ofereceu apoio à legista. Gabriela e Amorim já se conheciam, haviam estudado juntos no ensino básico. Também fizeram residência médica em períodos aproximados. O ortopedista do Flamengo permaneceu no IML durante os dois dias que se seguiram. Ao todo, foram necessários três dias ininterruptos de trabalho para a identificação de todos os atletas.

Inicialmente, Gabriela se concentrou na avaliação do corpo número dois. Além de aparelho odontológico, a vítima usava um short azul-escuro cuja etiqueta continha as iniciais PH. Uma hora e meia depois do início do trabalho, Pablo Henrique da Silva Matos foi o primeiro a ser identificado. O exame do atleta foi positivo para papiloscopia, ou seja, ele foi reconhecido por meio da impressão digital.

O goleiro Bernardo Augusto Manzke Pisetta foi a segunda vítima a ser identificada no dia 8 de fevereiro. Antes de embarcar para o Rio, o pai do jogador pedira a um parente que solicitasse os raios X odontológicos do garoto à dentista da família, em Santa Catarina. Ao receber os exames do filho em seu celular, Darlei enviou a documentação para o Flamengo.

Coube ao médico João Marcelo repassar o material ao IML. Com 1,82 metro, Bernardo era o atleta mais alto entre os jogadores falecidos. Ele foi identificado por meio da arcada dentária. O mesmo método ajudou a comprovar a identidade de Arthur Vinícius de Barros Silva, o jogador de Volta Redonda. Vitor Isaias Coelho da Silva foi reconhecido por meio da impressão digital.

Os corpos dos quatro atletas foram identificados na sexta-feira. Os legistas, porém, ainda teriam muito trabalho pela frente, uma vez que as famílias de outros seis jogadores continuavam à espera de uma definição. Em função disso, Gabriela decidiu passar a noite trabalhando na identificação das outras vítimas. Pela primeira vez, a médica-legista deixou os filhos sozinhos no apartamento do Leme. Miguel, seu filho mais velho, tinha 14 anos — a mesma idade de Bernardo, Arthur e Pablo Henrique. Já Raquel, a caçula, tinha a metade da idade do irmão.

— Filho, cuida da sua irmã, porque hoje eu não consigo voltar pra casa — avisou a diretora do IML por telefone.

Miguel compreendeu a ausência da mãe. Sabia que, naquele momento, a presença dela era mais importante no trabalho do que em casa. Por isso, garantiu que tudo ficaria bem com ele e Raquel.

Durante todo o processo de análise dos cadáveres, a diretora do IML emocionou-se ao notar que as placas de crescimento nos corpos dos atletas do Flamengo ainda estavam abertas. Na antropologia forense, a idade do cadáver pode ser calculada pelos aspectos métricos, morfológicos e histológicos dos ossos (forma, dimensões e estrutura). Em indivíduos considerados subadultos, ou seja, com idade inferior a 18 anos, a fusão dos ossos ainda não ocorreu, justamente porque, nessa faixa etária, a formação das estruturas rígidas ainda está em andamento.

No caso dos dez jogadores mortos, cinco tinham apenas 14 anos. Quatro estavam com 15. A vítima mais velha tinha alcançado 16 anos. Tudo lhes foi subtraído, especialmente o tempo. Em média, os adolescentes do Ninho do Urubu tiveram 54 Anos Potenciais de Vida Perdidos (APVP). O indicador é usado para apontar o número de anos de vida que, teoricamente, uma determinada população deixa de viver ao morrer prematuramente. Nesse cálculo, é considerada morte prematura a que ocorre antes dos 70 anos de idade.

★

Eram 11h30 da noite de sexta-feira quando o pai do goleiro Bernardo chegou ao IML. Ao entrar no prédio, Darlei foi levado para o auditório localizado no segundo andar, onde as famílias dos jogadores estavam sendo recebidas pela equipe da Polícia Civil. A ideia era oferecer acolhimento e também garantir a privacidade dos parentes à espera de informação.

— O senhor não precisa ir até a sala de necropsia — disse a funcionária que o atendeu.

Fragilizado, Darlei não tinha forças para insistir. Além disso, estava consciente de que o corpo carbonizado de Bernardo não guardava nenhum vestígio do filho que saíra de casa para morar no alojamento do Flamengo.

— Não há necessidade de ir até lá. Bernardo já foi reconhecido cientificamente. É preciso se poupar, pai. Guarde na memória a imagem que tinha dele antes disso — prosseguiu a funcionária.

Ele aceitou o conselho. Usou a pouca energia que lhe restava para assinar a documentação de liberação do corpo do filho, de quem havia se despedido cinco dias antes no Aeroporto de Navegantes, em Santa Catarina. Bernardo deixara a casa dos pais em Indaial com um sorriso no rosto e muitos planos para o ano de 2019 na bagagem. Tinha a carreira no futebol como prioridade.

Por isso, assinar os papéis que atestavam a morte do filho e de seu sonho era uma tarefa penosa demais para Darlei. Quando o pai de Bernardo deixou o prédio do IML, a madrugada de sábado já havia despontado. Iniciava o trajeto de volta para o hotel Ramada quando o celular dele tocou novamente. Era do IML. Soube que deveria retornar ao local, pois alguns documentos ainda precisavam da assinatura dele. Além de dolorosa, a morte é inesperadamente burocrática.

Darlei passou o resto da madrugada na Emergência de um hospital particular na Barra da Tijuca. Acompanhado de profissionais da área de saúde do Flamengo, ele deu entrada na unidade com pressão alta e sinais de infarto, embora os exames tivessem mostrado que o músculo do coração não tinha sido realmente afetado.

Por precaução, Darlei foi colocado em uma maca. O médico que conduzia o atendimento explicou sobre a necessidade de ministrar uma medicação endovenosa.

— Doutor, eu não posso dormir. Eu preciso ficar acordado.

— Essa medicação vai te deixar aliviado — insistiu o profissional.

— Doutor, por favor, não faça! Eu não posso dormir — afirmava o paciente, tentando manter a lucidez.

Uma mistura de drogas foi administrada por via venosa em Darlei. Tratava-se de um cuidado paliativo. Os emergencistas sabiam que, naquele momento, nenhum remédio seria capaz de aliviar a dor daquele pai.

★

A diretora do IML viu o dia clarear. Vinte e quatro horas depois da tragédia, seis dos dez jogadores carbonizados ainda não tinham sido reconhecidos. Só após o resgate da identidade dos adolescentes é que a guia de remoção de cadáver poderia ser preenchida. Somente assim as famílias dos atletas iniciariam, finalmente, o processo de luto. Confinados no hotel Ramada, os parentes dos meninos do Ninho do Urubu esperavam ansiosos por notícias e pelo momento em que levariam os jogadores de volta para suas cidades de origem.

No sábado pela manhã, Darlei, que já tinha recebido alta do hospital, se deu conta de que enfrentaria uma nova saga para levar o filho de volta a Indaial. Logo que acordou, ele soube, por meio de funcionários do Flamengo responsáveis por cuidar do traslado dos corpos, que a companhia aérea que operava no Aeroporto de Navegantes não fazia o transporte de urnas funerárias. A sugestão dada ao pai do goleiro foi de ele embarcar antes de Bernardo. O corpo do menino seguiria tão logo conseguissem enviar o caixão.

— Eu não saio daqui sem ele — pontuou Darlei. — Eu trouxe ele pra cá, e ele vai junto comigo pra casa.

Indignado diante da demora do Flamengo para encontrar uma solução, Darlei propôs uma alternativa:

— Aluga um avião — sugeriu.

— Mas não tem um — respondeu uma das pessoas designadas pelo clube para cuidar dos desdobramentos do caso.

— Quer que eu arrume um? Eu vou arrumar — disse Darlei, sem esperar pela resposta.

Nervoso, ele procurou em seu celular o telefone do piloto que operava o avião da empresa de beneficiamento de arroz na qual ele trabalhava.

— Anderson?

— Oi, Darlei, sinto muito pela sua perda — lamentou o piloto.

— Cara, eu preciso da sua ajuda. Eu sei que o avião da nossa empresa não pode transportar urna funerária, mas eu necessito de alguma empresa que faça esse serviço.

— Olha, é o seguinte: neste momento, eu estou no aeroporto de Curitiba, e os caras que fazem esse tipo de atividade estão bem na minha frente. Vou te colocar em contato com eles agora — informou Anderson.

Darlei repassou o contato para a equipe do Flamengo. Em seguida, ele recebeu a ligação de uma empresa de táxi aéreo do Paraná.

— Seu Darlei, só faremos o traslado se o senhor se responsabilizar pelo pagamento — informou um operador da Táxi Aéreo Hércules.

O custo do fretamento foi fixado em 28.400 reais.

— Pode prosseguir com as providências. Eu me responsabilizo — assegurou.

Após desligar o celular, Darlei caminhou na direção de Vitor Zanelli Albuquerque, vice-presidente de futebol de base, futebol feminino e futsal do Clube de Regatas do Flamengo.

— Cara, um avião vai sair de Curitiba para vir ao Rio buscar a mim e ao Bernardo. Eu estou dando o aval para eles saírem de lá — disse, sem conseguir conter a raiva que sentia naquele momento.

O outro concordou.

— Tem uma coisa: se na segunda-feira, às dez horas da manhã, esse dinheiro não estiver depositado no caixa dos caras, eu vou para a mídia — ameaçou Darlei.

O vice-presidente o tranquilizou.

Após acertar os detalhes do contrato para o fretamento do avião Turboélice Cheyenne III-PA 42, Darlei e Alberi, que o acompanhava na viagem ao Rio, passaram o dia à espera da chegada da aeronave, marcada para aterrissar no Aeroporto de Jacarepaguá às 19h05.

Por telefone, Aiglê, a chefe de Darlei que estava em Santa Catarina, alertou-o sobre o impacto emocional daquele voo.

— Tu tem certeza que quer vir junto com o corpo do seu filho?

— Tenho, sim, Aiglê. Eu jamais deixaria o Beno sozinho.

Mergulhado em sua dor, ele relembrou em silêncio os momentos em que acompanhou Bernardo até o Ninho do Urubu. Darlei chorava muito todas as vezes que deixava o filho na portaria do Centro de Treinamento do Flamengo. Nunca conseguiu entender a imensa tristeza que o invadia a cada despedida. Agora tudo ficava mais claro na mente dele. Não sabia se podia nomear aquele sentimento de intuição, mas o fato é que a angústia que tomava conta de seu coração parecia, enfim, ter algum fundamento.

★

Enquanto esperava no Ramada pela proximidade do horário de embarque para Santa Catarina, Darlei pôde acompanhar de perto o sofrimento de outros pais que, assim como ele, receberam a confirmação do reconhecimento da identidade dos filhos. Naquele sábado, o IML conseguiu identificar mais quatro atletas. Athila de Souza Paixão, Christian Esmério Candido e Rykelmo de Souza Viana, o Bolívia, foram reconhecidos por meio das arcadas dentárias. Já Gedson Beltrão dos Santos Corgosinho, o Gedinho, foi identificado através da impressão digital.

Antes de saber oficialmente que o filho estava morto, Rosana pediu ao motorista disponibilizado pelo Flamengo que a acompanhasse até o Centro de Treinamento George Helal. Era a primeira vez que ela saía de Limeira. Embora soubesse que o alojamento no qual Rykelmo morou estava completamente destruído, ela queria pisar no lugar onde o filho treinou. Quem sabe, assim, refazendo os passos do jogador, pudesse se sentir mais perto dele?

A vontade dela foi atendida. Por tantas vezes, Rosana sonhou visitar o CT. Jamais imaginou que, quando isso acontecesse, o filho não estaria mais lá para recebê-la. Sair do Ninho do Urubu sem Rykelmo era insuportável. E, apesar do tamanho da dor que a invadia, ela decidiu que enfrentaria tudo o que fosse necessário por amor ao filho. Por isso, quando a identidade do atleta foi confirmada, Rosana fez questão de ir até o IML. Os parentes tentaram demovê-la da ideia, mas não conseguiram.

Ao chegar no prédio, ela quis ver o filho.

— A senhora quer ver o corpo do seu filho? — questionou, surpreso, o policial civil Luizão.

— Mas é claro, é meu filho. E eu vou ver — insistiu.

Viúvo e pai de três jovens, Luizão se colocou na frente de Rosana, fazendo uma barreira entre ela e a entrada do necrotério.

— Mãe, não faz isso, não. A situação ali dentro está feia. Lembra do seu filho brincando de bola e não leva para a vida essa recordação triste. Pensa no quanto ele era bonito e alegre e guarda isso com a senhora.

Ela baixou a cabeça.

— Você está certo. Acho que não vou suportar — respondeu. — Além disso, eu já sei como ele está.

Luizão conhecia o olhar das mães que chegavam ao IML. Por isso, ao mirar os olhos daquela mulher miúda por trás dos óculos dela, sentiu profunda compaixão.

Sem rumo, Rosana dirigiu-se para fora do prédio na companhia do irmão. Antes, porém, de ir embora, ela se sentou nos degraus da entrada.

— Miguel, olha só o destino! Eu, como funcionária da lavanderia da Santa Casa, vejo os carros de funerária que entram e saem do hospital em todos os meus plantões. Hoje o corpo que vão buscar é o do meu filho — disse, sem conseguir conter as lágrimas.

★

Pouco depois das sete da noite, Darlei e Alberi foram recebidos pelos dois tripulantes da aeronave que estava estacionada na pista do aeroporto de Jacarepaguá. Quando eles embarcaram, o caixão de Bernardo já estava no avião com prefixo PR-TAH. Alberi permaneceu em silêncio solene diante daquela imagem perturbadora. Darlei também não conseguiu dizer nada.

Por mais incrível que pudesse parecer, ele sentia certo alívio por estar, enfim, fisicamente ao lado do filho. O piloto informou aos passageiros que o voo até Navegantes teria duração de uma hora e quarenta minutos. Quando o avião decolou, Darlei enxergou, do alto, as mesmas luzes que encantaram o filho ao sobrevoarem juntos a cidade do Rio, na primeira vez que o goleiro se apresentou ao Flamengo. Não conseguiu deixar de pensar na ironia do destino: um dos sonhos de Bernardo era andar de jatinho particular.

Nunca deveria ter sido assim.

★

Quando o relógio marcou dez horas no sábado, Gabriela comunicou à equipe do Instituto Médico Legal que passaria em casa para ver como os dois filhos estavam. Sozinhos desde que voltaram da escola na tarde do dia anterior, eles a aguardavam. Embora a médica-legista estivesse preocupada com a família, a cabeça dela continuava no IML e naqueles dois corpos que ela ainda não tinha conseguido identificar. Por dedução, restavam os atletas Jorge Eduardo e Samuel Rosa. Porém, sem o reconhecimento científico de cada um, eles não poderiam ser enterrados.

O problema era que, no caso deles, nenhum método tinha funcionado até então. "Eu preciso pensar em alguma coisa", repetia para si mesma após reencontrar os filhos e verificar que tudo havia ficado bem na sua ausência. Mesmo exausta e com o horário já avançado, Gabriela decidiu correr na praia. Ao voltar do seu trajeto habitual, viu em seu celular uma mensagem enviada pelo médico do Flamengo. "Olha, nós temos os dados antropométricos de todos os atletas, porque eles são muito mapeados em relação às medidas. Será que isso ajuda?"

"Claro", respondeu a legista.

Ao receber a medição dos jogadores, Gabriela notou que havia uma grande diferença de altura entre Samuel Thomas de Souza Rosa e Jorge Eduardo dos Santos Pereira Dias Sacramento. O primeiro media 1,65 metro, enquanto o outro tinha, pelo menos, 10 centímetros a mais.

— Caramba, é isso! — exclamou a médica-legista.

Gabriela ainda estava no calçadão da praia quando telefonou para o odontologista forense Marcos Paulo.

— Kiko, tive uma ideia — disse ela, chamando o amigo pelo apelido. — Você acha muita viagem a gente tentar identificar as duas últimas vítimas pela altura delas?

— Olha, se o fêmur estiver preservado, eu acho possível.

A legista comemorou. Em seguida, marcou a realização da avaliação para a manhã de domingo. Se ela estivesse certa, seriam feitas duas medições do fêmur (comprimento máximo e comprimento anatômico) dos atletas para a aplicação do Método de Mendonça. A estimativa da estatura dos jogadores por meio da medição dos ossos longos poderia, de fato, resolver a questão.

Gabriela, que nem suspeitava do tamanho da amizade que existia entre aqueles dois adolescentes, faria de tudo para entregá-los às suas famílias o quanto antes.

7
De volta para casa

Na casa azul de janelas cinza da rua Mil e Cinquenta e Quatro, estava tudo programado para a festa de 15 anos do seu morador. O bolo de chocolate da Conceição já tinha sido encomendado. A compra de cem pães de hambúrguer seria paga com os tíquetes da Associação dos Servidores Municipais de Volta Redonda. Como o mercado era conveniado, o valor só seria descontado no contracheque de Marília em março, exatamente um mês depois. Faltavam apenas os enfeites da mesa, que seriam confeccionados pela tia Carol. A ideia era usar o EVA preto, material emborrachado de baixo custo que serve para quase tudo quando o assunto é artesanato, para fazer o molde do jogador que enfeitaria o topo do bolo. Com pouco dinheiro e muita criatividade, a funcionária da Prefeitura de Volta Redonda tinha planejado todos os detalhes da comemoração que não aconteceu. O zagueiro Arthur, filho único de Marília, foi o primeiro dos dez jogadores mortos no incêndio do alojamento do Flamengo a ser sepultado. O enterro aconteceu no sábado, 9 de fevereiro, dia do aniversário dele.

Na sexta-feira, quando a identidade de Arthur foi confirmada pelo IML, os garotos do bairro Volta Grande I esperaram a chegada da meia-noite na quadra da praça municipal. No momento em que o ponteiro do relógio avançou um minuto, marcando o início do sábado, dezenas de adolescentes cantaram parabéns, homenageando o aniversariante ausente. Eles também pintaram a praça da feira livre com as iniciais do nome do atleta. Por fim, soltaram rojões para abafar o espanto causado pela tragédia.

Marília chegou a Volta Redonda no início da madrugada de sábado acompanhada pela sobrinha, pela prima e por um amigo da família. Ela, que havia viajado de carro para o Rio assim que soube por uma colega de trabalho sobre o incêndio no Ninho do Urubu, passou o dia no Centro de Treinamento aguardando informações. À noite, foi ao IML, a fim de assinar a documentação para a liberação do corpo de Arthur. Ao deixar o prédio, a mãe do atleta preferiu não dormir no Rio. Decidiu pegar a Dutra e retornar para Volta Redonda. Naquele horário, não esperava encontrar os amigos do filho à porta de sua casa.

— O que vocês estão fazendo aí? — perguntou, olhando automaticamente para o relógio.

— Tia, a gente não tá acreditando no que aconteceu. A gente não consegue aceitar — respondeu um dos garotos.

Ela estava comovida.

— Meu filho, vai para casa. Amanhã vai ser um dia doloroso para todos nós — disse, referindo-se ao enterro do filho.

Como tinha perdido a noção do tempo, a mãe do jogador não se deu conta de que já era sábado. Exatos quinze anos antes, Arthur nascera e mudara tudo ao redor de Marília. Mesmo não sendo uma gravidez planejada por ela e pelo namorado, Edmar, com quem tinha um relacionamento de dez anos, Arthur foi envolvido em bem-querer desde que Marília descobriu existir uma vida crescendo dentro dela.

A vinda do neto homem foi abençoada por Manoel, pai de Marília. O baiano de Amargosa trocara o Vale do Jiquiriçá, no Nordeste do país, pela vida na Região Sudeste, em função do emprego na Companhia Siderúrgica Nacional (CSN). Quando chegou a Volta Redonda e formou família com Cacilda, ele comprou a casa da rua Mil e Cinquenta e Quatro, financiada em 25 anos pelo antigo Banco Nacional da Habitação, o BNH. Ali, criou seis filhos — cinco mulheres e um homem. Marília nunca saiu da casa dos pais. Arthur foi criado no mesmo imóvel que a mãe, a poucos metros de distância do endereço do pai.

Embora Marília e o namorado não tenham se casado, eles permaneceram juntos. Edmar foi um pai presente na rotina do menino que nasceu para ser jogador. Arthur cresceu rodeado de gente que adorava futebol. No lado paterno, a história de um tio-avô que jogou com Roberto Dinamite, o maior ídolo do Vasco da Gama, atravessou gerações. Do lado materno, rezava a lenda que outro tio-avô de Marília teria jogado com Mané Garrincha, o ícone das pernas tortas. E não parava por aí. Cacilda, a mãe de Marília, era fanática pelo esporte. Antônio, o pai de

Cacilda, batizou todos os filhos com nomes de jogadores do Fluminense. Sempre que tinha jogo do Fluminense no Maracanã, ele ia para a arquibancada do estádio com o radinho de pilha grudado no ouvido e uma almofada para amortizar a dureza do cimento. Viajava para o Rio acompanhado de um dos filhos assim que o turno terminava na siderúrgica de Volta Redonda. Três dos oito filhos dele trabalhavam na CSN.

Marília nasceu do contra. Embora fosse filha e sobrinha de tricolores doentes, daqueles que choram quando o time perde, ela se dizia flamenguista desde que se entendia por gente. Arthur cresceu em meio a esse caldo e, por sorte, levava jeito com a bola. Quem notou foi o pai, Edmar.

— Marília, esse menino chuta bem com a esquerda — avisou Edmar, colocando o filho para treinar com Edilson, tio do atleta.

Posteriormente, ele foi matriculado na escolinha de futebol do Instituto Educacional Radeane. Depois, seguiu para o Sesi, até chegar à base do Voltaço, como é conhecido o time de futebol de Volta Redonda.

Edmar, porém, não teve chance de ver seu menino se tornar um jogador — foi assassinado na frente de Arthur quando voltava de um passeio com o filho. Morreu emboscado com um tiro no peito. Aos 5 anos, o garoto correu sozinho pela rua, sendo acolhido por um vizinho.

— Mãe, meu pai está machucado — disse, mais tarde, o menino.

Quando Marília contou para ele que o pai havia morrido, Arthur deu um grito.

— Não, mamãe!

Ela o abraçou.

— Então, eu nunca mais vou ver meu pai?

— Ele vai virar uma estrela — respondeu Marília.

Depois disso, Arthur passou a dormir com a foto do pai debaixo do travesseiro.

— Filho, o que você está escondendo da mãe?

— Nada, não — respondeu o pequeno atleta, tentando disfarçar a saudade.

— Meu filho, pode confiar na sua mãe. O que foi?

Ele, então, mostrou a recordação.

— Você esqueceu do meu pai? — perguntou o garoto tempos depois.

— É claro que não, filho. Jamais vou esquecer.

Marília nunca mais teve outro relacionamento longo. Todo o amor que sentia por Edmar foi direcionado para Arthur. Ela passou a viver para o filho. Mesmo com o salário baixo que recebia como auxiliar de consultório dentário da Secretaria de Saúde da Prefeitura de Volta Redonda, ela nunca deixou de comemorar o aniversário dele. Também não poupava para comprar todas as coisas de que o adolescente gostava, quando ele foi morar, aos 13 anos, com uma senhora que alugou para a mãe do jogador um quarto em um apartamento na Barra da Tijuca, próximo ao Centro de Treinamento do Flamengo. Como a comida era cara demais por aquelas bandas, Marília fazia as compras de gêneros alimentícios em Volta Redonda e levava de ônibus para o Rio em uma sacola de pano. Até Guaraná Mantiqueira de dois litros, ela levava de casa, porque era uma marca mais barata do que o Guaraviton de que ele gostava.

Também levava morangos congelados para bater a vitamina que o filho adorava.

Para manter o sonho de Arthur, ela teve que enfrentar muitos obstáculos. Quando o filho foi convocado para jogar na Seleção Brasileira Sub-15 em 2018, o jogador comemorou muito, mas lamentou não ter uma chuteira apropriada.

— Mãe, você acha que é fácil a gente ficar dentro do alojamento? Os meninos têm empresário, têm chuteira de primeira linha. Quando você só joga e vai para casa é uma coisa. Agora, aqui, não. Você estuda e mora com os mesmos meninos com quem você treina. Então, eles ficam zoando a gente por causa da chuteira — desabafou.

Marília não queria ver Arthur em desvantagem. Com a ajuda de um primo, de um amigo e de um cartão de crédito emprestado, ela parcelou em dez vezes a chuteira de 1.200 reais que deu ao filho, quase o valor do salário que ganhava na prefeitura. Também comprou um tênis para ele usar no dia da apresentação à seleção.

— Marília, nesse valor, a chuteira deve fazer gol sozinha — brincou o chefe dela.

— Para você ver, né?

Com espírito de luta, a mãe de Arthur sempre tentou lidar de maneira corajosa com as dificuldades que enfrentou.

— Mãe, vai escovar esse cabelo — pedia o menino. — Olha lá, a Elizangela escovou o cabelo — comparava, querendo que a mãe ficasse tão arrumada quanto as amigas dela.

Marília despistava. Além de preferir os cabelos ao natural, não tinha dinheiro sobrando para gastar com salão. A escova custava 15 reais, e a funcionária da prefeitura sempre pensava que era dinheiro a menos no orçamento. Por isso, não investia em si mesma.

Mas nem sempre era fácil enxergar "o lado bom" do problema. Em uma das vezes que viajou para buscar Arthur no CT do Flamengo, ela e o filho perderam o ônibus de retorno para Volta Redonda. Os dois passaram o dia todo sentados sobre a mala dele no Terminal Rodoviário Alvorada, na Barra da Tijuca. Como tinha ido ao Rio com o dinheiro contado e não esperava passar pelo imprevisto, Marília não teve condições de comprar comida para o almoço. Usou os parcos trocados que tinha na bolsa para pagar apenas um milk-shake para Arthur e um pão com ovo para ela. Os dois chegaram a Volta Redonda no fim da tarde com o estômago vazio. Sentindo-se humilhada por não ter tido condição de matar a fome do filho, ela prometeu a si mesma que nunca mais viajaria sem ao menos um pacote de biscoito na bagagem.

No fim de janeiro de 2019, o novo responsável pelo gerenciamento da carreira do jogador conseguiu, finalmente, alugar uma quitinete em Vargem Grande para Marília passar o fim de semana com o filho. Desde então, ela teve certeza de que as coisas iriam melhorar.

— Olha, Marília, eu não sou de dar nada. Eu sou o tipo de empresário que vai oferecer a vara e as condições, mas é o Arthur quem vai ter que pescar.

— É isso que eu quero. Não quero ninguém que prometa videogame pra ele, que diga que vai me levar para morar na Barra da Tijuca. Não quero nada disso. Eu quero apenas que nos ofereça suporte, como uma chuteira boa pro meu filho. Quero alguém para ter com quem contar, uma pessoa que possa cuidar dele, caso aconteça alguma coisa, até eu chegar.

Marília sofria por ver o filho longe. Tinha medo de tudo, principalmente da violência.

— Mãe, tem uma menina tão bonita na escola, mas ela tem namorado — disse o atleta.

— Pelo amor de Deus, meu filho, não se mete em confusão — pedia Marília.

Por jogarem no Flamengo, os meninos do Ninho do Urubu sempre faziam sucesso na escola. Marília temia que isso despertasse inveja nos outros garotos, tornando o filho alvo de agressões.

Na tentativa de evitar brigas e confusões com os colegas estudantes, a tia de Arthur resolveu aconselhar o sobrinho.

— É melhor você dizer que é gay, assim não é visto como ameaça.

— Aí não, tia Isa — discordou o jogador, rindo dos rumos daquela conversa maluca.

Marília pensava que o aluguel da quitinete a deixaria mais próxima do filho. Quando se despediu dele na portaria do Ninho do Urubu, no dia 5 de fevereiro de 2019, ela aproveitou a viagem para ir até o apartamento em Vargem Grande. Queria deixar lá um colchonete, utensílios de cozinha e uma televisão, a fim de adiantar as coisas. Assim que conseguisse comprar uma geladeira, levaria feijão cozido de casa para Arthur e as marmitas de estrogonofe feitas pela tia Mara, irmã de Marília que tinha um *delivery* de comida. No novo imóvel, a mãe do jogador desejava receber, nos fins de semana, os atletas do CT cujas famílias moravam em outros estados. Sua ideia era transformar o endereço em lugar de acolhimento.

Mas, assim como o filho, ela não teve chance de concretizar o que planejou.

O corpo de Arthur chegou às duas horas da tarde na capela mortuária do Portal da Saudade, um cemitério de 133 mil metros quadrados localizado na Rodovia dos Metalúrgicos, em Volta Redonda.

Centenas de pessoas participaram da cerimônia de despedida do atleta, que contou com a presença do governador do Rio de Janeiro, Wilson Witzel, e do prefeito de Volta Redonda, Samuca Silva. Com balões brancos nas mãos, os amigos do jogador cantaram, novamente, "Parabéns pra você", em homenagem ao aniversariante. O zagueiro foi enterrado sob aplausos.

Marília viu os quinze melhores anos de sua vida passarem em flash por seus pensamentos.

"Meu Deus, como uma mãe pode enterrar um filho no dia em que ele nasceu?"

★

O zagueiro Pablo Henrique foi o segundo jogador a ser enterrado no sábado. O sepultamento ocorreu às 17 horas, em Oliveira, Minas Gerais. Todo o trâmite para a liberação do corpo do atleta do Flamengo e o traslado para o Cemitério São Miguel foram realizados pelo primo dele, Werley, defensor do Vasco, que assumiu a tarefa na tentativa de poupar os tios.

Na véspera da chegada do corpo a Minas, Werley conversou por telefone com Pâmela, irmã mais velha de Pablo Henrique. Ela tinha dez anos a mais que o caçula.

— Pâmela, o que você acha da tia Sara e do tio Wedson verem o corpo? Eu sou contra. É preciso que eles tenham em mente que vão carregar a imagem do filho morto para o resto da vida.

— Eu também acho melhor que eles não vejam. Vamos manter o caixão lacrado — ponderou a jovem.

Werley e a prima sabiam que a visão de um corpo dilacerado só faria machucar ainda mais o coração dos pais do jogador.

Um dia antes de morrer, o zagueiro enviara uma mensagem para o celular de Pâmela com um pedido inusitado:

— Maninha, vou te enviar todas as minhas fotos. Guarda com você? — pediu de dentro do CT do Flamengo.

Pâmela ficou brava com o irmão.

— Ah, Pablo, você vai encher o meu telefone com fotos suas? Eu não tenho iPhone como você. O meu celular é simplesinho e não tem memória pra isso.

Ele insistiu:

— Pâmela, guarda. Vai que um dia eu perco meu telefone! Aí as fotos ficam salvas com você.

— Só faltava essa agora. Vou ter que apagar as minhas fotos para ficar com as suas no meu celular — disse, desfiando um rosário de reclamações.

Pâmela acabou atendendo ao pedido do irmão. Os dois eram melhores amigos, e não havia nada que o adolescente pedisse que ela se recusasse a fazer. Funcionária de uma loja de calçados que ficava perto da rodoviária de Oliveira, Pâmela sempre via boa parte do salário de 954 reais ir embora com a compra de chinelos, meiões e caneleiras para o irmão. Todos os dias, ao sair da escola, o atleta passava diante da porta do comércio da avenida Maracanã, onde ela trabalhava.

— Ô Pâmela, chegou chinelo novo?

— Pablo, eu comprei chinelos pra você tem só quinze dias — retrucava a irmã.

— Mas é que ele tá querendo arrebentar — despistava o jogador.

— Tá bem, mas veja se escolhe um modelo liso, que é mais barato.

— Eu quero esse neon — respondia, escolhendo a dedo a mercadoria mais cara da loja.

— Menino, e pra que você precisa de chinelo que brilha no escuro se vai usar de dia? Além do mais, o dinheiro vai ser descontado do meu salário.

— Maninha, esse é da hora — tentava convencê-la.

Pâmela sempre cedia. Vira e mexe, ela também ajudava no pagamento do aluguel da casa onde morava com os pais e os dois filhos. Por isso, nunca sobrava dinheiro para comprar nada para ela. Ainda assim, a irmã de Pablo Henrique se realizava nas poucas coisas que podia dar a ele.

Agora, olhando para as fotos que o jogador enviou para o seu telefone pouco antes de morrer — o celular de Pablo Henrique fora destruído no incêndio —, ela agradeceu a Deus por ter feito o que estava ao seu alcance para ver o atleta sorrir. A última fotografia dos dois fora tirada na véspera de o atleta se apresentar no Ninho do Urubu. Pablo queria se despedir da família com um churrasco no domingo. Pâmela, que nunca tinha acendido uma churrasqueira, deu um jeito para atender ao pedido do irmão.

— Ô trem difícil — brincou.

— Maninha, um dia eu vou retribuir tudo o que vocês fazem por mim — disse o zagueiro antes de partir.

★

As cerimônias de despedida continuaram no domingo, dia 10 de fevereiro, quando outros três atletas mortos no incêndio do alojamento das categorias de base do Flamengo foram sepultados em seus estados de origem. Em Indaial, cidade catarinense do Vale do Itajaí, o clima era de profunda tristeza pela perda do goleiro Bernardo. Ele foi velado na Câmara de Vereadores durante toda a madrugada. Centenas de pessoas compareceram ao velório para prestar solidariedade à família do jogador. Sobre o caixão, foram colocadas camisas dos clubes pelos quais Bernardo passou, além das luvas de goleiro. Na tribuna de honra da Câmara, estavam as medalhas conquistadas pelo atleta ao longo da carreira, inclusive a Luva de Ouro na 3ª Copa Regional de Futebol de Campo de Santa Catarina, na categoria pré-mirim; o troféu de Defesa Menos Vazada no Torneio de Verão de Futsal de Blumenau, categoria sub-13; o de Goleiro Menos Vazado na Copa São João, categoria sub-14; e o de Melhor Goleiro sub-14 da VI Taça Curitiba de Futebol, no Paraná.

O corpo do atleta foi enterrado no Cemitério Municipal debaixo de um sol escaldante. Assim como aconteceu nas despedidas de Arthur e de Pablo Henrique, Bernardo foi sepultado sob forte comoção e muitos aplausos.

O velório do jogador Vitor Isaias aconteceu a 172 quilômetros dali. Ele foi velado no ginásio Carlos Alberto Campos, ao lado do estádio do Figueirense, em Florianópolis. Centenas de pessoas foram se despedir do adolescente.

Sérgio, pai de Kenzo, melhor amigo de Vitor, assumira a tarefa de buscar o corpo do jovem no Rio. O atleta não era apenas um irmão de coração para Kenzo. Era parte da família.

Durante todo o processo para a liberação do corpo do jogador, o consultor de empresas se mantivera firme. Mas quando trouxe o caixão de Vitor para Florianópolis, ele desabou. Não estava preparado para se despedir do garoto que começara a amar como filho. Muito abalada, a avó de Vitor precisou ser amparada por parentes. Responsável pela criação do garoto, dona Jô não se conformava com a ideia de enterrar um corpo que não vira.

— Podem ter colocado um monte de pedra, pedaços de pau... Será que é meu filho que está aí dentro? — questionava junto ao caixão do neto.

A dúvida que dona Jô manifestou naquele dia a acompanharia dali em diante.

O corpo de Christian foi enterrado no Cemitério de Irajá, na Zona Norte do Rio de Janeiro, sob os gritos de "melhor goleiro do Brasil". A despedida reuniu não só os parentes do jogador, mas também uma multidão de torcedores do clube carioca. O goleiro era considerado uma das maiores promessas das categorias de base do Flamengo.

★

Diante de um Brasil ainda em luto, Gedinho foi o primeiro a ser enterrado na manhã de segunda-feira, dia 11 de fevereiro, que ainda registraria outros quatro sepultamentos. A chegada do corpo do atleta a Itararé, na noite de domingo, provocou forte comoção no pequeno município paulista, localizado na divisa com o estado do Paraná. Levado para o ginásio municipal da cidade, o caixão do jogador foi carregado por policiais e recebido com aplausos por centenas de moradores que foram até lá se despedir do adolescente.

Eram nove da manhã quando o Corpo de Bombeiros iniciou o cortejo pelas ruas do município. Moradores da cidade acompanharam o trajeto da viatura. Os alunos da Associação Atlética Banco do Brasil (AABB), entidade na qual Gedinho começara a treinar, também estiveram presentes no enterro dele. Uniformizados, eles fizeram um corredor humano para a passagem do caixão. Deixaram no cemitério os botões de rosas brancas que haviam levado.

Em Sergipe, a população da cidade de Lagarto também parou para se despedir de Athila. O enterro do goleador no Cemitério do Povoado Brasília, a 75 quilômetros de Aracaju, atraiu uma multidão. "Anjos também jogam bola", dizia a frase estampada nas camisas usadas por parentes do atleta.

Samuel Rosa e o amigo Jorge Eduardo foram os últimos a serem identificados pelo IML no domingo. Cerca de duzentas pessoas acompanharam o cortejo do corpo de Samuel.

O lateral-direito foi enterrado no Cemitério de Vila Rosali, em São João de Meriti, na Baixada Fluminense.

Jorge Eduardo foi velado no Centro de Educação e Cidadania de Além Paraíba, em Minas Gerais. O caixão dele foi transportado pelo Corpo de Bombeiros para o Cemitério Municipal. A Escola Estadual Doutor Alfredo Castelo Branco, da qual ele era ex-aluno, suspendeu as atividades em homenagem ao jogador.

Alba, mãe de Jorge Eduardo, percebeu que o filho estava diferente no dia em que ele se despediu da família para se reapresentar no Ninho do Urubu. Pela primeira vez, ele distribuiu as camisas de que mais gostava. Deu duas para Alba, outra para o irmão, Carlos Augusto, seis anos mais velho do que ele, e uma para o amigo Guilherme.

— Pra vocês se lembrarem de mim — disse o atleta para cada uma das pessoas a quem presenteou.

Antes de sair em casa, passou os olhos demoradamente pelo quarto onde dormia, como se já estivesse com saudades.

— O que foi, Jorge? — perguntou Alba.

— Nada, mãe. Só estou olhando — comentou antes de fechar a porta.

★

Desde que soube que Rykelmo era uma das dez vítimas do incêndio no alojamento do Flamengo, Rosana, mãe dele, trancou-se dentro de si. A dor que carregava era tão grande que ela não conseguia dividi-la com mais ninguém. Por isso, quando o corpo do filho foi liberado no IML, ela não quis sair do lado dele. No fim da tarde de domingo, Rosana viajou de avião pela primeira vez na vida. Fez questão de estar no mesmo voo comercial que transportou a urna funerária do atleta. Queria chegar junto com ele ao Aeroporto de Viracopos, em Campinas, no estado de São Paulo, de onde tantas vezes viu o jogador embarcar. De lá, seguiria para Limeira de carro com o filho morto.

No momento em que a aeronave aterrissou, Rosana foi até a janela. Queria saber se o caixão de Rykelmo já tinha sido retirado. Esperou por um tempo, mas não conseguiu enxergar seu menino. Quando deixou o avião, o carro funerário já a aguardava na pista. Ela não abriu mão de viajar no mesmo veículo que levaria o filho de volta para casa. Por isso, estava com o motorista quando ele retirou o caixão do meio-campista do terminal de cargas do aeroporto.

O veículo da funerária foi acompanhado, durante toda a viagem, por um comboio de carros, no qual estavam o irmão de Rosana e dirigentes do Flamengo. O clube mandou representantes ao enterro de todos os jogadores.

Mergulhada em lembranças, Rosana percorreu, solitária em seu silêncio, os 69 quilômetros entre Viracopos e Limeira. As imagens do filho iam e vinham em seu pensamento acelerado, na busca desesperada por não o deixar partir. Lembrou-se da última festa de Ano-Novo que vestiu de branco a rua João Polato Neto, na qual ela e os filhos moravam. Rykelmo sempre gostou de participar da comemoração. Com as portas das casas abertas, os vizinhos se cumprimentavam e, juntos, assistiam aos fogos de artifício colorirem o céu cinza da cidade industrial do interior de São Paulo. Foi assim que o jogador recebeu os primeiros minutos de 2019. Comemorou, vestido a caráter, a chegada do "seu melhor ano". Quarenta dias depois, o atleta retornou para sua cidade natal em um caixão. Ninguém seria capaz de imaginar um desfecho como esse.

Sentada no banco do carona do carro funerário que transportava o corpo do filho, Rosana passou toda a viagem pela rodovia dos Bandeirantes com um embrulho no colo que havia sido entregue a ela, no sábado, quando deixava o Centro de Treinamento do Flamengo.

— Isso aqui é da senhora — disse a funcionária ao devolver a caixa para a mãe do jogador.

Na quinta-feira, véspera do incêndio no alojamento do Flamengo, ela postara a mercadoria no correio de Limeira. Na manhã de sexta-feira, quando a embalagem foi entregue na portaria do CT, Rykelmo já estava morto.

Coube a ela trazer de volta o único pertence que restara do jogador: as lentes de contato que o filho não teve tempo de usar.

8

"Limpem o pé antes de entrar"

Os membros do Conselho Deliberativo do Flamengo se reuniram às sete da noite no salão nobre Gilberto Cardoso Filho, na Lagoa, para a realização de uma sessão solene: a troca de cadeiras do comando do clube. Naquela quarta-feira, 19 de dezembro de 2018, Eduardo Carvalho Bandeira de Mello, que estivera à frente da agremiação esportiva por dois mandatos consecutivos, foi substituído por Luiz Rodolfo Landim, eleito para o triênio 2019/2021. Coube a Antônio Alcides Pinheiro da Silva Freire, presidente do conselho, dar as boas-vindas aos convidados da concorrida cerimônia de posse realizada no Rio.

— Boa noite — cumprimentou a todos. — Foi uma honra ter sido apoiado pela chapa roxa para ser presidente do Conselho Deliberativo do Clube de Regatas do Flamengo. Mas a honra maior é poder estar aqui dando posse ao meu amigo Luiz Rodolfo Landim Machado e ao meu amigo Rodrigo Dunshee de Abranches. A festa hoje é deles. Não há dúvida de que o Rodrigo, com quem já convivo há muito tempo, é um grande amigo e um advogado bem-sucedido, uma pessoa inteligente e um amigo leal. O Landim eu já conhecia, mas nunca convivi muito de perto com ele. Porém, esse apoio que eles me deram me fez ter certeza de tudo aquilo que eu já sabia, que ele é um executivo exemplar, um grande empresário, e mais do que isso: ele é um grande amigo. Assim, nos termos a que me confere o artigo 88, inciso IV, do Estatuto do Clube de Regatas do Flamengo, é com muita honra que dou posse ao presidente eleito, Luiz Rodolfo Landim, e ao vice-presidente eleito, Rodrigo Dunshee de Abranches. Com certeza, o Flamengo será muito mais engrandecido — salientou Freire diante de uma plateia composta por diversas autoridades, entre elas, o então vice-governador do Rio de Janeiro, Cláudio Castro.

Em seguida, Freire convidou o presidente eleito e o seu vice para se dirigirem ao púlpito. Após a leitura do termo de posse, eles assinaram o documento com a caneta-tinteiro de ouro do Flamengo, confeccionada em 9 de agosto de 1936, justamente para esta finalidade: registrar a assinatura dos novos mandatários do clube fundado em 15 de novembro de 1895.

— Hoje escreveremos mais um capítulo glorioso da história do Flamengo — comemorou Freire na sequência da cerimônia.

Cinquenta e um dias após o evento de posse da nova diretoria, o alojamento do futebol de base do Rubro-Negro pegou fogo. O incêndio revelou uma faceta menos glamorosa de um clube acostumado a celebrar vitórias. A investigação da cadeia de acontecimentos que antecederam o dia 8 de fevereiro de

2019 traria à tona diversas irregularidades e uma certeza: a tragédia que matou dez jogadores poderia ter sido evitada.

★

A utilização de contêineres para o descanso dos atletas profissionais passou a ser adotada pelo Flamengo no Ninho do Urubu em 2010. No final de 2016, quando o primeiro módulo profissional foi concluído — o prédio ficou popularmente conhecido como Centro de Treinamento 1 —, a estrutura até então destinada aos adultos foi herdada pelas jovens promessas do futebol. Na ocasião, os atletas da base deixaram as antigas instalações de alvenaria para ocupar os novos alojamentos. O "prédio velho", como era chamado, passou a ser usado somente pelos atletas das categorias infantil e juvenil que estavam em testes no clube.

Em 2017, quando a construção de mais de vinte instalações destinadas ao futebol profissional do Flamengo foi iniciada — elas ficariam conhecidas como Centro de Treinamento 2 (CT 2) —, o clube precisou encontrar outro local, no Ninho do Urubu, para alocar os módulos operacionais em contêineres que vinham sendo usados como dormitório pelos jogadores das categorias de base.

A necessidade de remanejar o dormitório de lugar, em função das obras do CT 2, levou o Flamengo a solicitar à empresa Novo Horizonte Jacarepaguá Importação e Exportação Ltda. (NHJ), do Rio, um novo módulo habitacional em contêineres para o futebol de base. O dormitório foi instalado em outra área, ainda em 2017, e possuía quatro quartos inicialmente.

No início de 2018, a pedido da direção do futebol de base, o projeto foi ampliado, e outros módulos foram projetados para que o dormitório dos adolescentes ganhasse mais dois quartos à direita da porta de entrada. Dessa forma, os módulos habitacionais totalizaram seis quartos com capacidade para atender 36 atletas.

Com *expertise* em locação de módulos operacionais em contêineres, a NHJ do Brasil tinha muitos clientes famosos no portfólio — desde a Petrobras até o Comitê Olímpico Brasileiro (COB). No caso do Flamengo, o primeiro contrato de locação, assinado entre os dirigentes do clube e a empresa, data de 19 de agosto de 2010. Na ocasião, ele previa o aluguel de estruturas destinadas ao funcionamento de refeitório, escritório do futebol de base e do profissional, sala de imprensa, vestiário da comissão técnica e banheiros. À época, o time profissional treinava na sede do clube na Gávea, mas o técnico Vanderlei Luxemburgo passou a pleitear um novo espaço. Foi a partir dessa demanda que Patrícia Amorim, a primeira mulher a ocupar a presidência do Flamengo (2010/2012) em mais de um século de história do clube, conseguiu dar uma destinação útil para a área de Vargem Grande. O aluguel de contêineres passou a ser visto como uma solução prática e econômica, devido à rapidez na montagem da estrutura.

O terreno de 135 mil metros quadrados foi adquirido, em 1984, pelo presidente George Helal, o dirigente norte-americano naturalizado brasileiro. No entanto, o projeto de construção do

Centro de Treinamento ficou engavetado por muitos anos. Dividida por dois rios, a área passou por obras de aterramento na década de 1990. Em 2004, os dois primeiros campos de futebol foram inaugurados. Porém, somente em 2010, na gestão de Patrícia Amorim, o local começou a receber mais investimentos. Por meio de projetos apoiados pelos torcedores, o Ninho do Urubu ganhou finalmente status de Centro de Treinamento.

Mas a modernização do CT só foi alcançada na gestão seguinte, de Eduardo Bandeira de Mello. Em 2013, ele profissionalizou o clube por meio da contratação de executivos profissionais e de um CEO (sigla em inglês para diretor executivo). Também instituiu um plano de reestruturação financeira. Só nas construções dos módulos destinados ao futebol profissional (CT 1 e CT 2) foram injetados 38 milhões de reais entre 2014 e 2018.

O fato é que nada — nem ninguém — conseguiria parar a evolução que a era Bandeira de Mello imprimira ao Ninho do Urubu. Nem mesmo a ausência do alvará de funcionamento do CT, vencido desde 2012, se mostrou empecilho aos planos de melhoria da área. Sem a legalização por parte do clube, a Secretaria Municipal de Fazenda lavrou um auto de infração contra a agremiação, em 20 de outubro de 2017, no valor de 802,46 reais. Quatro dias depois, o titular da 5ª Gerência Regional de Licenciamento e Fiscalização (GRLF), Leonardo de Macedo Caldas Mendonça, emitiu um Edital de Interdição, ordenando a paralisação imediata das atividades não legalizadas no Centro de Treinamento. O edital foi tornado público por meio de divulgação no Diário Oficial do Município do

Rio de Janeiro. No dia seguinte, a fiscal de atividades econômicas Maria de Fátima Brito foi até Vargem Grande e determinou que a ordem de interdição fosse afixada na fachada do Ninho do Urubu. Quase um mês depois, o clube foi novamente multado em 802,46 reais por desrespeitar o Edital de Interdição. Com a cobrança de valores irrisórios, as multas continuaram sendo emitidas e foram pagas pelo clube por, pelo menos, dez vezes.

Em fevereiro de 2018, porém, a Gerência Regional de Licenciamento e Fiscalização da Prefeitura do Rio determinou que o letreiro do clube fosse coberto até a obtenção do alvará. A ordem gerou desconforto entre os membros da direção do Rubro-Negro, justamente porque mexia com a "imagem" do clube. Num e-mail enviado às 16h23 do dia 28 de fevereiro, o diretor adjunto de Patrimônio, Marcelo Maia de Sá, informou a seis dirigentes da agremiação, inclusive ao CEO, sobre a exigência. O termo "Letreiro da entrada do CT" aparece em destaque na linha referente ao assunto da mensagem eletrônica.

> Caros, como é da ciência de todos aqui em cópia, estamos em processo de renovação do Alvará de funcionamento do CT, vencido em 2012, o que descobrimos ao tramitar a Aprovação do Processo de Construção do Novo CT. Para tanto, estamos em fase final de cumprimento da ÚLTIMA exigência do CBMERJ — Bombeiros. Sem o Alvará, nosso LETREIRO (na Guarita) não pode ser autorizado. A GRLF da Barra tem acompanhado nosso processo através de visitas periódicas, feitas pelo Eng Pondé a sua sede na Barra

(eventualmente eu estou presente), onde [sic] vimos mostrando o passo a passo da evolução do Processo.

Hoje, em visita periódica à mencionada GRLF, nos foi solicitado que o letreiro seja coberto até que consigamos a regularização do mesmo. Isto posto, solicito a Operação do CT que cubra o letreiro até que consigamos o alvará (expectativa = Abril, pois só depende da visita do Quartel da Região, em fase de agendamento).

Certo da compreensão de todos,
Sds,
MSá

Vinte e um minutos depois, o diretor executivo de Administração, Marcelo Helman, enviou resposta, demonstrando preocupação com o cumprimento da decisão e o impacto que a cobertura do letreiro teria na mídia:

Obrigado, MSá. Contudo não é tão simples fazer isto. **Note que, há anos, o CT funciona sem alvará**, que agora está na iminência de ser concedido. Segundo informação do Luiz Pondé (engenheiro da diretoria de Patrimônio) se mantermos [sic] o letreiro descoberto à mostra pagaremos uma multa de R$ 24 mil x mês, até que tenhamos o Alvará, o que se assemelha muito em breve. Em contrapartida, **tampar** [sic] **o letreiro** provocará de imediato filmagem da imprensa, questionamentos do porquê, pessoas mal-intencionadas alegando (após descobrir, o que é fácil) que funcionamos sem alvará, em fim... [sic] Suscitará rumores, ações, suspeitas, etc. Cabe, então, e por isso copio 2 VP's [*vice-presidentes*] e o CEO analisar se compensa pagar a multa e não demonstrar inequivocadamente que estamos irregulares, ou efetivamente cobrir o letreiro.

CP, AW e FL aguardo instruções.

Abraços,

MH

As iniciais CP, AW e FL, às quais Helman fazia menção, referiam-se ao vice-presidente de Finanças e Administração, Claudio Pracownik, ao vice-presidente de Patrimônio, Alexandre Wrobel, e ao CEO, Frederico Luz.

Naquele mesmo dia, às 5h05 da tarde, o diretor de Meios, Antonio Márcio Mongelli Garotti, pontuou a discussão também por e-mail:

"A questão não é exatamente a multa; é a não liberação do alvará que estamos finalmente perto de conseguir."

Ainda por mensagem eletrônica, Helman forneceu mais informações sobre o assunto:

"Segundo Luiz Pondé, que esteve hoje na repartição pública que está cuidando disto, não cobrir o letreiro SÓ ocasiona multa, mas não impede a ação paralela de emitir o Alvará. Isto me foi passado, claramente, já que fiz o mesmo questionamento."

Diante disso, Claudio Pracownik propôs um despiste. "Em vez de cobrir o letreiro, melhor retirá-lo sob a justificativa que será limpo ou restaurado", escreveu às 17h08 do mesmo dia. Helman concordou e bateu o martelo, considerando a questão solucionada:

Resolvido. Como bem colocou CP, vamos retirá-lo amanhã sob pretexto de restauração e reparo. Em contato com a empresa que o colocou na época, nos informa [sic] que é fácil tirá-lo, letra por letra, e depois recolocá-lo quando tenhamos Alvará. A equipe de ADV CTVG o fará a partir de amanhã.

Abraços,

MH

No dia 1º de março de 2018, às 11h22 da manhã, o diretor executivo de Administração informou ao grupo, com novos nomes copiados no corpo do e-mail, que a retirada do letreiro havia sido providenciada. O alvará, no entanto, continuou sendo negado pela Secretaria Municipal de Fazenda nos meses de maio, junho, setembro e outubro daquele ano, em função da não apresentação, por parte do Flamengo, de certificado de aprovação do Corpo de Bombeiros. Mesmo de maneira irregular e sem o certificado dos bombeiros que atesta o cumprimento das exigências de segurança, as atividades no Ninho do Urubu continuaram sendo exercidas.

Apesar das pendências, o novo módulo do Centro de Treinamento (CT 2) foi inaugurado com festa em 30 de novembro de 2018. Na ocasião, o vice-presidente de Patrimônio, Alexandre Wrobel, declarou seu orgulho diante da mais recente conquista do clube, já que as novas instalações — que somavam 5.500 metros quadrados — alçavam o Ninho do Urubu a patamares internacionais. Declarou Wrobel, em entrevista à imprensa:

[...] Acho que muitos de vocês presenciaram o trabalho que foi feito ao longo desses anos. Me lembro a primeira vez que estive aqui, em meados de 2010, onde praticamente nada existia, era basicamente um barracão e existia um campo. O Flamengo sempre foi, em termos estruturais, motivo de chacota, essa é a realidade [...], aquilo não condizia com a grandeza do Flamengo. E depois de muito trabalho, do esforço de muita gente, de contribuição de muita gente — isso não é um legado, não é uma obra minha, não é uma obra da gestão, isso é uma obra do Flamengo —, a gente está finalmente entregando o complexo do Ninho do Urubu. Toda estrutura que foi inaugurada em 2016, ela volta para as categorias de base. A partir de janeiro do ano que vem [2019], quando o time voltar da pré-temporada na Flórida, a equipe profissional já vem diretamente para cá e a base diretamente para os módulos que até então estavam sendo utilizados pelos profissionais. Não preciso falar muito, as imagens falam por si só. Nós tivemos um cuidado muito grande na concepção desse projeto, nós visitamos inúmeros CTs no Brasil e inúmeros CTs fora do Brasil [...], tentando buscar o que cada um tinha de melhor e eu acho que a gente chegou lá. Isso aqui é um marco, isso aqui é uma referência. Ao longo dos últimos vinte, trinta dias várias visitas ocorreram aqui. Delegações de fora, da Inglaterra, da África do Sul... Hoje esteve aqui nosso mestre Zagallo, absolutamente emocionado, vários ex-jogadores também já vieram [...], todos, absolutamente todos, unânimes, inebriados com o que a gente efetivamente está inaugurando hoje em termos de estrutura.

Em seguida, ele convidou os repórteres que faziam a cobertura do evento para conhecerem as novas instalações do hotel: "Sejam bem-vindos. A gente vai fazer um *tour* pelos departamentos e, qualquer dúvida, estou à disposição de vocês", afirmou, caminhando em direção ao prédio novo. Antes de cruzar a porta de vidro, ele fez uma ressalva: "Limpem o pé, hein, limpa o pé antes de entrar", disse aos jornalistas, passando os próprios sapatos por duas vezes no tapete da entrada. Todos riram.

★

Apesar do vultoso aporte de recursos nas instalações do futebol profissional no Ninho do Urubu, a categoria de base não recebeu a mesma atenção. Entre os anos de 2016 a 2018, os adolescentes foram mantidos nos módulos operacionais em contêineres, apesar das diversas ressalvas feitas pela Promotoria de Defesa da Infância e Juventude e pelo Grupo de Atuação Especializada do Desporto e Defesa do Torcedor, o Gaedest.

Desde 2012, aliás, o Ministério Público do Rio de Janeiro (MPRJ) já demonstrava preocupação com as condições oferecidas pelo clube aos atletas em formação. Naquele ano, um inquérito civil foi instaurado após um adolescente que treinava no Ninho do Urubu levar 33 pontos na perna esquerda, em função de um corte que sofreu no canteiro de obras do CT.

O inquérito levou à realização de diversas diligências por parte da equipe do MPRJ, com foco inicial na saúde individual dos jovens atletas da base do clube e no envio de sugestões para a melhoria da área médica. O objetivo era que os direitos fundamentais da criança e do adolescente fossem observados, a partir da contratação de profissional de emergência para apoio em procedimento de urgência e da implantação de ambulâncias no local com equipe de suporte para o transporte de atletas vítimas de acidente.

As diligências culminaram, inclusive, na fiscalização dos centros de treinamento de outros clubes de futebol do Rio e seus respectivos alojamentos para atletas em formação. Em razão disso, nasceu uma parceria institucional entre o MPRJ e o Ministério Público do Trabalho (MPT), resultando não só na colaboração entre os órgãos, mas também na elaboração de um Termo de Compromisso de Ajustamento de Conduta (TAC), proposto, em 2014, pelos órgãos ministeriais para o Rubro-Negro. O Flamengo foi notificado por meio do presidente Bandeira de Mello. Ele se recusou a assinar o TAC, que previa não só mudanças em relação aos aspectos de saúde, como "a regularização da situação precária dos atletas da categoria de base", com "a adequação da estrutura física do espaço destinado ao acolhimento dos adolescentes residentes". Embora Bandeira de Mello admitisse o não cumprimento de uma série de condições, o presidente alegou, em manifestação assinada juntamente com o diretor jurídico Bernardo Accioly, que "as medidas estavam sendo providenciadas e/ou adequadas nos termos da legislação específica" e, por isso, o clube pedia o arquivamento do inquérito.

Entre os motivos elencados para a recusa de assinatura do acordo por parte do Flamengo, estava a cláusula que previa a formalização dos contratos de aprendizagem, com auxílio financeiro de bolsa aprendizagem no valor não inferior ao salário mínimo, à época, fixado em 724 reais. A alegação do clube era de que o auxílio financeiro poderia ser livremente pactuado entre as partes. Os contratos de formação pagos pelo Flamengo variavam de 300 a 500 reais, na categoria infantil, cuja faixa etária é de 13 a 15 anos, e podiam chegar até 750 reais na categoria juvenil, que corresponde às idades entre 15 e 17 anos.

Outros itens alvos de discussão foram a necessidade de contratação de mais monitores para o período noturno — um por turno para cada dez atletas — e a adequação da estrutura física do espaço destinado ao acolhimento dos garotos. Como parte dos apontamentos não foi atendida, incluindo a contratação de mais monitores, a questão foi judicializada em 2015. A Promotoria propôs o ajuizamento de ação civil pública que pretendia a interdição imediata do alojamento da base, o que só ocorreria após o incêndio de 2019, quase quatro anos depois.

A ação proposta ainda em 2015 cobrava não só a melhoria das condições de alojamento, segurança e saúde dos atletas em formação, mas também a regularização do CT junto ao Conselho Municipal dos Direitos da Criança e do Adolescente (CMDCA). O registro no conselho só foi feito pelo Flamengo após a solicitação da Promotoria. Na época, houve nova tentativa de celebração de um TAC, contudo o clube continuou se recusando a fazê-lo, sob a alegação de ter "atendido integralmente" a todos os itens de segurança e às exigências legais relacionadas às instalações oferecidas para os adolescentes e à ampliação do quadro de profissionais.

Em 2016, durante novas visitas técnicas ao CT, para verificar se os problemas encontrados quatro anos antes haviam sido sanados, a equipe de psicologia da Promotoria da Infância e Juventude apontou melhorias em relação ao quadro observado em 2012, como a redução da carga horária de treinamento diário dos meninos — de quatro horas para três —, o oferecimento de transporte para os atletas jovens — antes o clube não arcava com esse custo — e a liberação do uso de telefones da agremiação para o contato dos garotos com suas famílias.

A equipe técnica do serviço social também ressaltou avanços encontrados no CT, como o registro feito no CMDCA-Rio, a contratação de profissional de pedagogia para integrar a equipe técnica e de educadores na perspectiva de uma atuação 24 horas com os adolescentes residentes. Citou, porém, a necessidade de melhorar a ambiência, "em particular a dada no alojamento contêiner".

Em outro relatório, o Grupo de Apoio Técnico Especializado do Ministério Público do RJ (Gate Saúde) também destacou melhorias em relação a 2012, como o aumento da área física do Departamento Médico, embora sem espaço suficiente para absorver os serviços oferecidos, entre os quais a fisioterapia. Os técnicos periciais ainda reiteraram que o CT continuava sem ambulância básica ou avançada para transporte de atletas vítimas de acidentes.

Em resposta aos apontamentos, o diretor jurídico do Flamengo, Bernardo Accioly, informou ao Ministério Público, em 22 de março de 2017, que o CT estava com as obras concluídas em plena utilização desde a pré-temporada daquele ano e que o Flamengo possuía o Certificado de Clube Formador, obedecendo "a todas as exigências legais impostas pela Lei nº 9.615/98 em relação às instalações e ao quadro de profissionais que acompanham os jovens atletas".

Em maio de 2017, em mais uma vistoria técnica no CT, realizada a pedido da Promotoria da Infância e Juventude, um técnico pericial do Gate, da área de arquitetura e urbanismo, constatou "significativas alterações nos componentes construtivos". Na ocasião, ele destacou a mudança dos atletas residentes da categoria de base para uma edificação nova (no caso, os módulos operacionais em contêineres), informando que "os cômodos que compõem o alojamento se encontram em condições apropriadas ao uso dos residentes".

Em 8 de dezembro de 2017, o gerente jurídico, André Galdeano, informou à Promotoria da Infância e Juventude sobre as melhorias que implementara no CT do Flamengo, como um plano de contingência para casos emergenciais — no lugar da exigência de uma ambulância —, a renovação do registro no CMDCA, a readequação dos planos de trabalho da psicologia, da assistência social e da pedagogia e, ainda, a mudança de layout nos contêineres utilizados como dormitório pelos atletas da base para melhor atendê-los, conforme recomendações do Ministério Público.

Em 18 de junho de 2018, nova vistoria técnica foi feita pela equipe do Grupo de Apoio Técnico Especializado do

MPRJ no centro de treinamento. Na ocasião, o médico Victor Augusto Louro Berbara, designado para a tarefa, descreveu como precária a situação da casa de alvenaria onde os atletas em teste no Flamengo ficavam alojados. Também ressaltou a existência de um extintor de incêndio vencido havia mais de dois anos no local.

Sobre o alojamento da base, ele informou — novamente — à instituição que os jogadores estavam "acomodados provisoriamente" em contêiner. O que o médico não sabia é que os módulos operacionais, aos quais ele mesmo se referia, não constavam como área edificada no último projeto de licenciamento municipal do CT, aprovado pela Prefeitura do Rio dois meses antes. No projeto protocolado junto à prefeitura, a área em questão não estava descrita como dormitório, mas como estacionamento.

No relatório enviado à Promotoria, o perito citou o número reduzido de instalações sanitárias no alojamento dos atletas da base e a falta de área física no dormitório para o desenvolvimento de atividades de leitura, estudo e lazer. Além disso, fez apontamentos preocupantes:

> Quanto ao período noturno, persiste a presença de apenas um monitor, responsável tanto pela casa quanto pelo contêiner onde ficam os jogadores federados. Este funcionário seria o responsável pelo primeiro atendimento a uma eventual situação de emergência, acessando a ambulância conveniada ao clube. O único monitor presente ao tempo da vistoria não foi capaz de responder, com

segurança, aos questionamentos feitos por este técnico pericial em relação a uma possível situação de emergência noturna.

Na conclusão do relatório, o perito afirmou que a área destinada aos atletas da base, ainda que provisória, era "inapropriada como alojamento". Por último, ele fez um alerta: "Esses fatos, mesmo levando-se em consideração a grande capacidade técnica e experiência dos médicos do clube, podem trazer dificuldades em caso de uma situação de grande emergência."

O último relatório sobre a base do Flamengo feito antes do incêndio foi recebido pelo Grupo de Atuação Especializada do Desporto e Defesa do Torcedor em setembro de 2018. Nele constava a informação de que os atletas continuavam em "alojamento provisório", mas seriam transferidos em novembro daquele ano para o antigo prédio dos jogadores profissionais, que, por sua vez, passariam a ocupar as novas instalações (CT 2).

Em 31 de janeiro de 2019, o promotor de justiça do Gaedest, Pedro Rubim Borges Fortes, solicitou que a nova vistoria nas dependências do Centro de Treinamento George Helal fosse anexada ao inquérito civil em tramitação desde 2015. Decidiu, ainda, enviar ofício ao Clube de Regatas do Flamengo com pedido de esclarecimentos sobre o motivo da "piora das condições dos atletas adolescentes integrantes das categorias de base do clube e as providências adotadas para sanar as irregularidades".

O Ofício nº 010/2019, de 6 de fevereiro de 2019, foi endereçado ao presidente recém-empossado do Flamengo, Rodolfo Landim. Na ocasião, o promotor Pedro Rubim deu trinta dias ao clube para esclarecer a situação do futebol de base encontrada pelo perito. Solicitou, ainda, que providências fossem adotadas para sanar as irregularidades encontradas na vistoria. Não deu tempo. Dois dias depois daquela data, o alojamento onde 24 jogadores dormiam foi destruído pelo fogo.

De 1º de março de 2012 a 8 de fevereiro de 2019, o Flamengo recebeu, por parte de órgãos públicos do Rio de Janeiro, inúmeras oportunidades de se adequar. Já os jovens atletas vítimas do incêndio não tiveram nenhuma chance.

9

Autorias colaterais

Para identificar as causas do incêndio no alojamento dos meninos do Ninho, os peritos do Instituto de Criminalística Carlos Éboli (ICCE) precisaram reconstituir o cenário dos módulos operacionais em contêineres de antes da tragédia. Só assim conseguiriam entender a história que os destroços contavam, embora quase tudo tivesse sido consumido pelo fogo. O Exame de Local de Incêndio apontou que a estrutura feita com chapas de aço funcionara como um alto-forno, preservando todo o calor no interior do dormitório e reduzindo as chances de sobrevivência dos jogadores. A força-tarefa criada para investigar a dinâmica dos fatos também identificou a existência de portas de correr nos quartos, em desacordo com as normas de segurança aplicáveis à época, que previam a obrigatoriedade de portas de alojamentos com abertura para fora. Nem mesmo a única porta de entrada e saída do contêiner atendia às regras. Imagens do circuito interno de TV, recolhidas pela Polícia Civil, denunciam que a abertura se dava para dentro, dificultando ainda mais a fuga dos garotos. Mais tarde, o juiz Marcos Augusto Ramos Peixoto, que analisaria a denúncia oferecida pelo Ministério Público contra onze pessoas, classificaria a planta do contêiner onde os atletas dormiam como "arapuca mortal".

Outra descoberta dizia respeito à espuma de poliuretano expandido encontrada no interior dos painéis metálicos entre os quartos. Apesar de os painéis terem sido importados da Itália pela empresa Novo Horizonte Jacarepaguá Importação e Exportação Ltda., e terem a certificação do fornecedor estrangeiro indicando as propriedades antichama do produto, a perícia criminal não encontrou essas características nos materiais analisados, que sofreram queima generalizada.

Esse tipo de revestimento, inclusive, foi alvo de atenção por parte do Comitê Olímpico Brasileiro. Em 2012, a NHJ foi contratada para construir o prédio-sede da Rio 2016, no bairro Cidade Nova. A edificação, de 20 mil metros quadrados, contava com recepção, área de convivência, escritórios e sala de reunião. A criação da estrutura desmontável e reutilizável fazia parte do projeto do Comitê Organizador dos Jogos da Rio 2016 de tornar essa edição a mais sustentável da história, tendo a General Electric no Brasil como patrocinadora oficial do Comitê Olímpico Internacional (COI).

Na ocasião, segundo o engenheiro civil da NHJ, Weslley Gimenes, por exigência do COB, o poliuretano não foi utilizado no interior dos painéis da estrutura do prédio-sede da Rio

2016, e sim a lã de rocha, um material superior e mais seguro não só por suas características acústicas, mas também pela função térmica de alta resistência ao fogo.

No caso do alojamento dos atletas da base do Flamengo, a perícia não identificou resíduos que apontassem a presença da lã de rocha. O núcleo isolante PUR, conhecido no mercado como poliuretano, é um dos mais utilizados no segmento de isolamento térmico, sendo considerado mais barato do que outros materiais.

Os peritos do ICCE apontaram que as propriedades físicas e químicas dos núcleos dos painéis, reduzidos a volumes insignificantes durante o incêndio, contribuíram para a rápida propagação do fogo, que teve início após um curto nas espiras (fio por onde passa a corrente elétrica) do motor do ar-condicionado do quarto 6. Como nem todos os painéis demonstraram contar com dispositivos de isolamento térmico, o dormitório era inadequado para habitação.

★

Dois dias antes do incêndio, Adalberto, um dos monitores do futebol de base, avisou à assistente social do Flamengo, Gabriela Espinhoza, que um dos seis aparelhos de ar condicionado do alojamento dos garotos tinha apresentado defeitos em seu funcionamento, inclusive, com a soltura de faísca. Por causa disso, a máquina foi desligada por funcionários do Flamengo e substituída, naquele mesmo dia, pela equipe de manutenção do CT, que colocou outra de tamanho menor no lugar. Gabriela, então, contatou a Colman Refrigeração, empresa que havia mais de vinte anos prestava serviços de reparos em ares-condicionados, freezers e geladeiras para o clube carioca. O proprietário, Edson Colman, foi chamado para resolver a questão. No final de janeiro, Edson já havia feito a manutenção dos mesmos equipamentos, tendo, inclusive, levado dois dos seis aparelhos de ar condicionado para fazer uma revisão detalhada. Na ocasião, ele realizou uma limpeza mais profunda em duas máquinas, com desmonte de peças.

Colman chegou ao Ninho do Urubu na quinta-feira, véspera da tragédia, quando notou que o aparelho danificado era um daqueles que ele havia levado, recentemente, para a oficina na Gávea, onde fica a sede do clube. Depois de verificar que o problema havia sido causado por um defeito na conexão elétrica do ventilador, seguido de pane, o técnico retirou a conexão e fez uma emenda com fita isolante. Após o conserto, reinstalou o ar-condicionado no vão do dormitório 2 ou 3, ele não sabia ao certo, pois confundia a numeração dos quartos. Em seguida, ligou o aparelho para avaliar o funcionamento. Enquanto esperava o término do teste, o profissional foi até o refeitório do CT para bebericar um café.

Depois disso, retornou ao contêiner e constatou que o aparelho estava funcionando, despedindo-se em seguida. Na sexta-feira pela manhã, ao deixar o bairro da Taquara, no qual residia, em direção à sede do Flamengo, ele soube pelo rádio da ocorrência do incêndio. Chocado, voltou para casa.

★

A necessidade de realizar melhorias nas instalações elétricas do CT e, em especial, na área destinada ao futebol de base fora discutida entre funcionários do Flamengo pelo menos oito meses antes do incêndio. Na tarde do dia 11 de maio de 2018, Wilson Vicente Ferreira, do Departamento de Pessoal do clube, enviou por e-mail um relatório para a gerente de Recursos Humanos, Roberta Tannure. O documento, com cópia para o gerente de Administração do Flamengo, Luiz Humberto Costa Tavares, e para Douglas Lins de Albuquerque, outro funcionário, tinha como assunto "Inspeção CT".

Na mensagem eletrônica, acompanhada de um conjunto de fotos, ele citou a realização de uma inspeção em Vargem Grande, feita por técnico de segurança do trabalho do Flamengo, para o atendimento, por parte do clube, de norma regulamentadora de segurança em instalações e serviços em eletricidade (NR 10). Ferreira disse que a situação encontrada era de "alta relevância e grande risco" diante de inconformidades graves, entre elas, as do quadro elétrico localizado atrás do alojamento do futebol de base.

Mesmo ressaltando a gravidade do problema, o próprio Wilson lembrou que algumas das irregularidades não seriam tratadas naquele momento, pois o local seria substituído por novas instalações até o fim de 2018, quando se acreditava que os jogadores em formação deixariam os módulos operacionais em contêineres para ocupar o antigo hotel dos atletas profissionais. No entanto, ele fez uma ressalva: "[...] caso haja fiscalização e autuação, o argumento [*da futura mudança de local*], mesmo que evidente, não justifica a irregularidade, ficando a critério do órgão fiscalizador a penalidade ou intervenção."

Um dia depois, o gerente de Administração enviou mensagem para o diretor executivo da área, Marcelo Helman, comunicando a situação irregular na parte elétrica.

> Boa tarde, Marcelo. O técnico de segurança do trabalho do CRF [*Clube de Regatas do Flamengo*], em vistoria nas instalações elétricas do CT, verificou vários itens fora da conformidade com as normas de segurança exigidas. Falamos com o Marcelo Sá, que estava no CT, a respeito dessas instalações (não sabia se foram feitas pelo patrimônio ou se já vêm de longa data, no esquema "faça-de-qualquer-jeito" que os antigos administradores atuavam). Sá achou por bem solicitar que o Adilson (engenheiro eletricista que fez a instalação elétrica do CT — que você conhece) acompanhasse para verificar a real situação e elaborasse, caso seja necessário, um primeiro orçamento para colocarmos as instalações elétricas em dia. Após o envio desse primeiro orçamento, pediremos outros mais para compor quadro de concorrência. Segue abaixo e-mail enviado pelo técnico a respeito do que encontrou no CT (com fotos). Te manterei atualizado quando o Adilson fizer suas considerações. Grande abraço. Nos falamos melhor na segunda.
> Luiz Humberto Costa Tavares

Após o recebimento do e-mail, Helman enviou mensagem para Wilson Ferreira, com cópia para Luiz Humberto:

Wilson, estranhei não ter sido copiado em algo tão sensível quanto é este assunto. É sabido que devo ser copiado em TUDO o que se refira à Administração do Flamengo, seja Gávea seja CT. Favor notar para o futuro.

LH [*Luiz Humberto*], vamos fazer assim como vc sugere, i.e., aguardamos um orçamento do Adilson. Depois, em cima desse escopo por ele fornecido, pegamos mais dois orçamentos e aprovo para irmos em frente. Atenção para os prazos do Adilson. Costuma demorar a atender. Temos que cobrá-lo. Obrigado e me mantenham informado par-e-passu [*sic*] deste assunto, por favor.

Abraços,

MH

Apesar de Helman apontar a demora na resposta às demandas por parte do engenheiro eletricista Adilson, a proposta de melhoria das instalações elétricas do futebol de base foi apresentada no mesmo dia pela CBI Instalações — empresa à qual Adilson estava ligado. No escopo da proposta, orçada em 8.550 reais, estava "fornecimento e instalação de quadro com barramento trifásico, remanejamento das instalações aparentes e retirada das gambiarras do antigo centro de excelência". O termo "gambiarra" aparece textualmente na proposta.

Nos meses seguintes, duas notas fiscais foram emitidas pela CBI para comprovação do pagamento pela contratação do serviço. A primeira, de 25 de maio de 2018, tinha o valor de 4.275 reais. No documento fiscal, na área destinada à descrição do trabalho, constava "fornecimento e instalação de sistema elétrico no futebol de base". A segunda nota, do mesmo valor e conteúdo, foi datada de 1º de outubro de 2018.

Embora o serviço tenha sido faturado, ele não foi executado. Pelo menos foi o que disse José Augusto Lopes Bezerra, representante da empresa Anexa Energia Serviços de Eletricidade Ltda. Ele foi o responsável pela emissão de parecer técnico a respeito do incêndio. A Anexa foi contratada pelo Flamengo após o incêndio no Ninho do Urubu para fazer um parecer independente sobre as causas do desastre. Escreveu o autor do documento:

> Para surpresa, em inspeção realizada no local na data de 19/02/2019 (onze dias após o incêndio), verificamos que o objeto do contrato 15.1/18-PA não havia sido realizado e as instalações continuavam as mesmas de quando a inspeção fora realizada, em registros fotográficos de antes e depois do evento que culminou na morte de dez adolescentes.
> Podemos perceber que o serviço que [sic] a empresa CBI foi contratada não foi realizado, mantendo o mesmo alto grau de risco de antes verificado. As tais "gambiarras" elucidadas na proposta ainda estavam claramente no local, conforme apresenta a imagem.

Ele também acrescentou que o quadro de proteção instalado no local não atendia a nenhuma norma de segurança, com disjuntores fora de padrão, fiação mal dimensionada e alto grau de riscos.

Depois da confecção desse relatório, a Anexa foi contratada pelo Flamengo em 31 de maio de 2019 para fazer a adequação das instalações elétricas do Ninho do Urubu. Quase seis meses após a assinatura do contrato, o presidente do clube, Luiz Rodolfo Landim, enviou para o representante da empresa uma notificação de rescisão do contrato de prestação de serviços por inadimplemento, ou seja, por não cumprimento das obrigações pactuadas por parte da Anexa. O Flamengo pediu, ainda, o ressarcimento dos valores pagos pelo clube, na ordem de 79.725,60 reais.

Por sua vez, José Augusto Lopes Bezerra ingressou em juízo contra o Flamengo cobrando 586.900 reais do clube a título de danos morais e materiais por rescisão sem justa causa. Bezerra também acusou uma pessoa ligada à agremiação de ter cobrado "mesada" para a execução do contrato. Segundo o representante da Anexa, a recusa em fazer tal pagamento teria gerado o fim do seu contrato com o Flamengo. A alegação de Bezerra levou o Flamengo a realizar uma interpelação judicial criminal no 16º Juizado Especial Criminal, com pedido de que o representante da Anexa apresentasse provas de suas afirmações. O procedimento segue baixado. Já a ação da Anexa Energia contra o Flamengo segue em trâmite na 6ª Vara Cível do Rio.

★

A investigação oficial das causas do incêndio foi finalizada pelos peritos do ICCE em abril de 2019, com posterior conclusão do inquérito por parte do delegado Márcio Petra de Mello.

Mas o Ministério Público do Rio de Janeiro (MPRJ) só apresentou denúncia relativa ao evento quase dois anos depois da tragédia. O entendimento da Promotoria sobre a tipificação do crime foi diferente do entendimento da Polícia Civil (PC). Em junho de 2019, a PC indiciou oito pessoas por crime de homicídio doloso, quando se assume o risco da produção do resultado. Em janeiro de 2021, o MP denunciou onze pessoas — três a mais do que o inquérito policial — por incêndio culposo seguido de morte. De acordo com o Código Penal, em caso de condenação, a pena por homicídio qualificado pode chegar até trinta anos de prisão. Já a tipificação de incêndio culposo tem previsão de seis meses a dois anos de detenção, podendo chegar até quatro anos em caso de morte.

Em relação ao Ministério Público, a ação referente ao incêndio estava sob os cuidados do Grupo de Atuação Especializada do Desporto e Defesa do Torcedor, mas o promotor, Luiz Ayres, responsável pela condução da investigação, se licenciou do cargo por problemas de saúde. Com sua saída do caso e do Gaedest, o procedimento ficou paralisado até setembro de 2020. Na ocasião, o coordenador do grupo convidou outro promotor para dar continuidade ao trabalho.

— Décio, eu tenho um inquérito sensível. Está pronto, maduro, e eu preciso de alguém que analise o que vai fazer, se vai arquivar ou denunciar. Você aceita fazer? — questionou o coordenador.

— Eu não fujo de missão — respondeu Décio Luiz Alonso Gomes. — A minha única questão específica, se não houver contratempo para a coordenação, é que sou flamenguista.

Você acha que isso pode atrapalhar a análise? Já estou declarando desde já — disse o promotor, adepto da prática de outro esporte, as artes marciais.

A partir daí, Décio assumiu a análise do caso. Em 14 de janeiro de 2021, ele ofereceu denúncia contra seis pessoas ligadas ao Flamengo, quatro funcionários da empresa de aluguel de módulos operacionais em contêineres, a Novo Horizonte Jacarepaguá Importação e Exportação Ltda., e contra o proprietário da Colman Refrigeração Ltda.

Na denúncia de incêndio culposo seguido de morte, Décio afirmou que agiram com imperícia, negligência e/ou imprudência: o ex-presidente do clube, Eduardo Bandeira de Mello; o diretor adjunto de Patrimônio, Marcelo Maia de Sá; o diretor de Meios, Antonio Márcio Mongelli Garotti; o diretor do futebol de base, Carlos Renato Mamede Noval; o engenheiro da Diretoria de Patrimônio, Luiz Felipe Almeida Pondé; e o monitor Marcus Vinícius Medeiros.

Os mesmos crimes foram imputados à diretora administrativa e comercial da NHJ, Claudia Pereira Rodrigues; ao engenheiro civil da empresa, Weslley Gimenes; ao engenheiro elétrico Fábio Hilário da Silva; e ao engenheiro de produção Danilo da Silva Duarte. Edson Colman da Silva, sócio-proprietário da Colman Refrigeração Ltda., também foi incluído na denúncia.

A acusação versou sobre a desobediência a sanções administrativas impostas pelo poder público ao Flamengo por descumprimento de normas técnicas regulamentares; ocultação das reais condições das construções existentes no Centro de Treinamento ante a fiscalização do Corpo de Bombeiros;

contratação e instalação de contêiner em discordância com regras técnicas de engenharia e arquitetura, a fim de servir de dormitório para adolescentes; inobservância do dever de manutenção adequada das estruturas elétricas que forneciam energia ao contêiner; inexistência de plano de socorro e evacuação; e falta de atenção (desídia) em atender às manifestações da Promotoria da Infância e Juventude para a preservação da integridade física dos atletas.

Décio não incluiu, segundo ele, por estratégia processual, os membros da administração pública municipal. Também se referiu ao alojamento dos jovens atletas como "estruturas móveis clandestinas", embora fosse do conhecimento de membros do Ministério Público a existência dos módulos operacionais em contêineres desde o início de seu uso como dormitório pelos atletas em formação no Flamengo. A denúncia, que somou 63 páginas, foi então encaminhada para a 36ª Vara Criminal do Rio de Janeiro.

Dois meses depois, em 17 de março de 2021, o juiz Marcel Laguna Duque Estrada noticiou que um advogado que lhe prestava serviços profissionais havia ingressado na causa e declarou-se, então, suspeito para julgar o caso por motivo de foro íntimo. "Tal circunstância compromete meu dever de imparcialidade para atuar no presente feito", declarou, deixando o julgamento da ação. Em razão disso, o processo passou a tramitar na 37ª Vara Criminal da Comarca da Capital. Na ocasião, o juiz Marcos Augusto Ramos Peixoto assumiu.

★

Em resposta às acusações do Ministério Público, a defesa do ex-presidente do Flamengo Eduardo Bandeira de Mello alegou ausência de nexo de causalidade, uma vez que ele já não era o presidente do clube na ocasião do incêndio. Disse ainda que o Termo de Ajustamento de Conduta com o Ministério Público não foi assinado pela presidência, à época, porque a maioria das demandas já era cumprida pelo clube ou estava sendo deliberada, e que o estatuto da agremiação não previa o dever de fiscalização específico por parte do presidente. Ele ainda criticou o Poder Judiciário em relação à ação civil pública ajuizada pelo Ministério Público para interdição do CT. Na época, o Flamengo requereu concessão de antecipação de tutela — que adianta os efeitos de julgamento de mérito —, mas quatro anos se passaram sem que o Poder Judiciário tivesse dado resposta, o que só ocorreu após a tragédia. Bandeira de Mello também disse, por intermédio de seus advogados, que o processo de remoção dos atletas da categoria de base dos módulos operacionais em contêineres para o CT 1, previsto para ser iniciado em novembro de 2018, foi interrompido pela nova administração do Flamengo, com alteração do planejamento implementado por sua gestão.

Já a defesa de Marcelo Maia de Sá, diretor adjunto de Patrimônio do Flamengo, alegou ausência de suporte probatório, uma vez que não teria sido demonstrada, pela denúncia do Ministério Público, de que maneira a atuação de Sá contribuíra para o incêndio, não havendo autoria nem materialidade. Quanto ao diretor de Meios, Antonio Márcio Mongelli Garotti, que não havia sido indiciado pela Polícia Civil, os advogados dele contestaram as imputações feitas pelo Ministério Público, sob a alegação de que teriam sido apresentadas, exclusivamente, em razão do cargo que o cliente ocupava no Flamengo. Os representantes de Garotti disseram ainda que a pasta a qual ocupava se voltava estritamente às questões de orçamentos e que suas incumbências eram apenas financeiras, não havendo nexo causal com o evento.

Os representantes do engenheiro Luiz Felipe Pondé alegaram que a contratação dele pelo Flamengo, ocorrida em 24 de junho de 2016, se deveu, especificamente, para acompanhamento das obras estruturais do Centro de Treinamento 1, com posterior desligamento em 19 de abril de 2018, quase dez meses antes do incêndio. Segundo a defesa, o engenheiro, recém-formado à época, ocupava um cargo "júnior" e não tinha qualquer tipo de influência na cadeia hierárquica do clube.

No caso de Carlos Renato Mamede Noval, diretor do futebol de base do Flamengo até março de 2018, onze meses antes do incêndio, as defesas informaram que não coube a ele a aprovação da parte técnica da planta utilizada pela empresa NHJ para a implantação dos módulos operacionais em contêineres e que ele era apenas um diretor de futebol contratado pelo Flamengo via CLT. A representante do monitor Marcus Vinícius Medeiros classificou de genérica a acusação feita ao funcionário "sem poder de gestão", uma vez que ele não era eletricista, bombeiro civil nem tinha conhecimento técnico a respeito de ares-condicionados. A defesa do monitor argumentou que ele ajudou a salvar três atletas e que, caso estivesse no contêiner no horário em que o fogo começou, haveria catorze mortos, a contar com o próprio funcionário, não dez.

Em relação à NHJ, os procuradores de Claudia Pereira Rodrigues, diretora administrativa e comercial da empresa, argumentaram que a ela coube, ao lado de Eduardo Bandeira de Mello, apenas a assinatura do contrato de fornecimento dos módulos habitacionais e a participação em reuniões com o clube na qualidade de representante comercial da NHJ. Já a defesa dos engenheiros da empresa, Danilo da Silva Duarte, Fábio Hilário da Silva e Weslley Gimenes, sustentou que a denúncia contra eles não indicou qualquer violação que teriam cometido em relação às normas de cuidado. Os advogados também ratificaram a qualidade dos materiais comercializados pela NHJ, considerados de "altíssima confiabilidade", por contarem com certificado internacional conforme norma europeia. Disseram ainda que, por norma contratual, caberia ao Flamengo assumir a responsabilidade de evitar a ocorrência de eventual resultado lesivo.

No caso de Edson Colman, a defesa ponderou que ele era o técnico de refrigeração responsável pela manutenção dos aparelhos de ar condicionado do Flamengo, não da rede elétrica do CT. "Para que não restem dúvidas, desde já é imperioso ressaltar que a causa do incêndio não foi obstrução do evaporador/condensador, falta de troca da espuma de vedação, ausência de lubrificação dos contatos elétricos ou qualquer outra hipótese que denotasse a falta de cuidado na manutenção dos aparelhos", argumentou, cabendo ao Flamengo "toda a responsabilidade em relação à parte elétrica".

★

Em 24 de maio de 2021, após a análise da denúncia do Ministério Público e a defesa apresentada pelos onze réus, o juiz Marcos Augusto Ramos Peixoto recebeu a denúncia do Ministério Público contra oito pessoas. O monitor Marcus Vinícius Medeiros, no entanto, foi absolvido sumariamente, ou seja, antes da conclusão do processo, já que o juiz entendeu pela ausência de sua responsabilidade. No que diz respeito ao engenheiro da diretoria de Patrimônio do Flamengo, Luiz Felipe Almeida Pondé, e ao diretor do futebol de base, Carlos Renato Mamede Noval, o juiz rejeitou a denúncia. Apesar de o Ministério Público ter apresentado recurso contra essa decisão e ela ter sido revertida em instância superior em outro julgamento, a 5ª Câmara Criminal do Tribunal de Justiça do Estado do Rio de Janeiro entendeu, por unanimidade, após recurso das partes, em manter a decisão de 1º grau, rejeitando a denúncia contra eles.

No que se referiu à análise da denúncia recebida contra oito pessoas, o magistrado — que de antemão se declarou antipunitivista — foi contundente em relação ao que chamou de "política arriscada e nefasta" adotada pelo Flamengo para com os adolescentes que estavam sob a guarda do clube. O juiz também reiterou "o absurdo descaso pela vida humana" e não poupou críticas nem ao sistema, ao considerar que os males do Brasil não serão corrigidos pelo Direito Penal.

Em sua decisão, que somou 51 páginas, o juiz lamentou a ausência, entre os nomes denunciados pelo MP, de gestores, diretores e vice-presidentes da administração do clube subsequente à gestão de Bandeira de Mello. Apontou, ainda, a necessidade de apuração de responsabilidade — inclusive no âmbito administrativo — de agentes públicos que deveriam, no uso do poder de polícia municipal, ter concretamente interditado o CT do Flamengo, "não se dando por satisfeitos, se contentando e dormindo tranquilos, com a mera publicação de um Edital de Interdição ou com a cobrança sucessiva de multas irrisórias decorrentes de lavraturas de Autos de Infrações pelo contínuo descumprimento de uma interdição que restou sem efetividade, como mera folha de papel".

Por fim, o juiz apontou que o incêndio do condicionador de ar que provavelmente estava localizado no quarto 6 dos módulos habitacionais não foi a causa única e isolada da tragédia de 8 de fevereiro de 2019, tendo havido, segundo ele, uma sucessão de autorias colaterais. "Cumpre destacar que este juiz, ao longo de 23 anos de magistratura, nunca havia antes se deparado com hipótese de tamanha clareza de responsabilidade criminal de uma pessoa jurídica (o Flamengo) — ainda que dependente de lei a ser criada", disse. O direito penal brasileiro só prevê a imputação de prática de crimes a pessoas jurídicas em caso de crimes ambientais.

Ainda assim, ele destacou que as posturas institucionais adotadas pelo clube ensejaram a ocorrência da tragédia, sobretudo ao manter em atividade um centro de treinamento dedicado a adolescentes que nele pernoitavam, embora o espaço não contasse com alvará nem com autorização do Corpo de Bombeiros. Dessa forma, deu-se preferência ao pagamento de sucessivas multas "(irrisórias — diga-se, posto que é quase nada o valor de oitocentos reais para um dos mais ricos clubes de futebol do planeta)", em vez de a agremiação adequar-se às exigências legais. "Portanto, o Clube de Regatas do Flamengo lamentavelmente assumiu, enquanto pessoa jurídica e instituição de direito privado, o risco de, não dispondo de autorização do Corpo de Bombeiros, dar causa a danos de maior ou menor gravidade, revelando estes autos o mais nítido e trágico evento demonstrativo desta política arriscada e nefasta, de absoluto desdém para com os jovens afinal feridos e, pior, falecidos", acentuou o juiz.

Em relação ao ex-presidente do Flamengo Bandeira de Mello, a autoridade judiciária rejeitou os argumentos da defesa, alegando que, em tese, o dirigente poderia e deveria ter adotado atitudes que evitariam ou minimizariam as consequências da tragédia. Embora tenha reconhecido que nem todas as decisões estavam ao alcance da análise do presidente, o magistrado foi taxativo ao citar que recomendações sobre as quais o então presidente tinha plena ciência — como a necessidade de contratação de mais de um monitor noturno para o alojamento dos meninos — teriam evitado a ausência momentânea desse único profissional no local dos fatos, minimizando o desfecho trágico.

A não ampliação do quadro de monitores foi justificada por questões estritamente financeiras, o que o juiz considerou estarrecedor, porém explicável. "O modo neoliberal de compreender e de atuar no mundo passa necessariamente por decisões que autorizam a morte", escreveu na sentença ao citar a frase do pesquisador, jurista e psicanalista Rubens Casara, autor do livro *Contra a miséria neoliberal*.

Quanto ao técnico em refrigeração Edson Colman, o juiz considerou ter havido imperícia na execução do seu trabalho relacionado à manutenção dos aparelhos de ar condicionado do alojamento dos atletas de futebol de base.

Sobre os funcionários da empresa NHJ, o juiz destacou que a planta criada e implementada pela empresa se mostrou uma arapuca mortal para os meninos: "[...] a existência de uma única porta (que abria para dentro...), a posição desta porta não de forma centralizada, mas sim deslocada à direita, a inexistência de saída de emergência, a inexistência de luzes de emergência, a inexistência do sistema de exaustão no corredor (não climatizado), e por fim o gradeamento das janelas de todos os dormitórios, tudo isto junto e em tese imputável ao projeto final elaborado pela NHJ, praticamente selou a morte de diversos jovens, sobretudo aqueles que estavam no quarto 1, 2 e 3", sentenciou o juiz, que considerou a numeração dos quartos apontada pela perícia no sentido horário. No entanto, pela descrição dos sobreviventes sobre a dinâmica do incêndio, os quartos 1, 2 e 3 aos quais o juiz se refere são os de números 4, 3 e 2, respectivamente.

Em maio de 2022, o desembargador Olindo Menezes, da 6ª Turma do Superior Tribunal de Justiça, votou pelo trancamento da ação penal contra os acusados pelas mortes dos jogadores do Flamengo após julgar o recurso ajuizado pelo diretor de Meios do clube na ocasião da tragédia, Antonio Márcio Mongelli Garotti. O desembargador considerou "indigente" a denúncia oferecida pelo Ministério Público do Rio e aceita pela Justiça estadual. No seu entendimento, a denúncia não atribuiu nenhuma ação ou omissão específica aos denunciados como causa efetiva para a ocorrência do fogo que matou os atletas da categoria de base do Flamengo, considerando, portanto, as imputações abstratas. Com isso, a seu ver, não haveria justa causa para o seguimento da ação penal. A 6ª Turma do Superior Tribunal de Justiça, entretanto, negou o pedido de trancamento no mês seguinte.

Até o final de 2023, o processo se encontrava em grau de recurso.*

---

* O Flamengo foi procurado durante o processo de realização deste livro-reportagem, mas informou que o clube não iria se pronunciar sobre o caso.

10

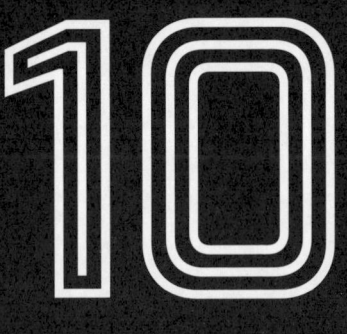

O pacto

O jogador Cauan Emanuel chegou à loja H da rua Clementina de Jesus por volta do meio-dia, acompanhado de um amigo que, assim como ele, atuava nas categorias de base do Flamengo. Nove meses e um dia depois da tragédia que matara dez dos companheiros dele, o atleta de 15 anos se dirigia ao Recreio Ink, no Rio, com uma decisão tomada: não deixar que o que aconteceu na madrugada de 8 de fevereiro de 2019 fosse esquecido.

— Boa tarde — cumprimentou, sentando-se no sofá preto com almofadas grafitadas.

Ao ser chamado para entrar na sala, ele se apresentou.

— Meu nome é Cauan. Eu sou sobrevivente da tragédia do Ninho do Urubu.

O jovem artista à sua frente arregalou os olhos sem conseguir disfarçar a surpresa.

Cauan foi o último atleta a deixar o dormitório em chamas no CT do Rubro-Negro. Saiu pela janela gradeada do módulo operacional em contêiner, depois de abrir passagem para que Jhonata e Francisco Dyogo, jogadores com quem ele dividia o quarto, fugissem. Ferido, deu entrada no Hospital Municipal Lourenço Jorge às 7h30 da manhã daquela sexta-feira, com falta de ar, lesão nas vias aéreas, cortes pelo corpo, múltiplas escoriações na pele e queimaduras de 1º e 2º graus na região da orelha esquerda e na ponta dos dedos. Tão logo recebeu os primeiros atendimentos, o jogador foi transferido no mesmo dia, pelo Flamengo, para o Hospital Vitória, na Barra da Tijuca, onde ficou em observação na Unidade de Terapia Intensiva por mais 48 horas. Cauan teve alta três dias depois do incêndio, quando dez de seus amigos já tinham sido enterrados. Ele não conseguiu se despedir de nenhum deles.

No período em que esteve internado, Cauan — cuja família é de Maracanaú, no Ceará — se comunicou pouco, apresentando humor deprimido segundo observação médica. A tristeza na qual o jogador estava mergulhado era plenamente compreensível, considerando-se tudo que havia passado. Cauan testemunhou os últimos minutos de Athila, que não reagiu a nenhum estímulo após várias tentativas dos amigos de acordá-lo. Diante da iminência da morte, o cearense quase desistiu de lutar pela própria vida. Dias depois, mesmo muito distante daquele ambiente assustador e de risco, continuava a ouvir as vozes dos colegas jogadores implorando por socorro.

Apesar da experiência traumática, Cauan e todos os atletas que sobreviveram ao incêndio no Centro de Treinamento

George Helal se reapresentaram ao Flamengo no dia 11 de março, para a retomada dos treinos no Rio de Janeiro. Com a proibição judicial de entrada, permanência ou participação de qualquer criança e adolescente nas dependências do CT sob pena de multa de 10 milhões de reais, os garotos foram alojados temporariamente no hotel Ramada. Eles ficaram hospedados na companhia de familiares — em sua maioria, as mães. Voltariam a treinar provisoriamente no campo do Audax, em São João de Meriti, até que o Flamengo conseguisse atender às exigências da Justiça.

Embora os jogadores não se sentissem emocionalmente preparados para retornar, abandonar o jogo no meio da partida não era uma possibilidade cogitada por nenhum deles. O esporte continuava a ser meta de vida para o grupo. Reapresentar-se ao clube, mesmo com as feridas abertas, era visto pelos próprios atletas como parte da jornada de crescimento. Como acreditavam que só lhes restava jogar ou jogar — o futebol era o único futuro vislumbrado —, os meninos do Ninho sabiam, ainda que de maneira inconsciente, que precisariam encontrar uma forma de lidar com tudo que lhes fora subtraído naquela madrugada trágica. Decidiram, então, fazer um pacto: jogariam agora pelos amigos que morreram, aos quais passaram a chamar de "Nossos 10". Encontrar um propósito no meio disso tudo era parte do processo de lidar com a culpa e com o alívio de ser um sobrevivente, talvez uma forma de buscar forças para continuar rolando a bola. No campo e na memória dos que ficaram, os dez continuariam presentes.

— O que você pensou em fazer? — perguntou Dantas para Cauan no Recreio Ink.

— O nome deles — respondeu o atleta.

— Sério, mano? Vamos fazer um trabalho massa — emocionou-se o tatuador.

O atleta sentou-se na cadeira do estúdio. Em seguida, Dantas pegou a máquina rotativa, o papel de impressão e a tinta preta. Na sequência, desenhou a data: 08.02.19. Depois escreveu:

Arthur V. *
Athila P. *
Christian E. *
Bernardo P. *
Jorge E. *
Pablo H. *
Rykelmo S. *
Samuel T.*
Vitor I. *
Gedson S. *

Uma hora depois, Cauan tinha tatuado no braço direito os nomes dos dez companheiros mortos no incêndio. O desconforto que sentiu durante a sessão não significava nada diante da dor causada pela perda dos amigos. Nem mesmo o jogador era capaz de dimensionar o significado da ausência. Imprimir na pele o nome deles não era apenas uma homenagem, mas também uma tentativa de não sucumbir ao sofrimento pelo qual ele e todos os que dormiam nos contêineres passaram. A cada dia que acordasse e abrisse os olhos, Cauan enxergaria o nome das vítimas em seu corpo. Assim, encontraria motivação suficiente para correr por si e por eles.

★

Os atletas da base voltaram a pernoitar no Ninho do Urubu quatro meses após a tragédia. Em 4 de junho de 2019, uma terça-feira, os sobreviventes foram levados para o Centro de Treinamento 1, que lhes fora prometido muito antes do incêndio no dormitório. Chegaram de van, acompanhados pelas respectivas mães, que cuidaram da arrumação dos pertences deles no novo prédio. Os garotos não ficariam mais instalados em contêineres como antes, nem em beliches. Tinham agora suítes confortáveis, nos moldes de um hotel, com espaço para até duas pessoas. O acesso aos quartos era feito por meio de fechadura digital.

— Só vocês e eles têm acesso, tá? — mostrou o funcionário, ensinando a uma das mães como entrar.

— Que coisa maravilhosa! — comentou, impressionada. — Meu Deus, olha que maravilha! — disse a mulher ao entrar no quarto com banheiro privativo e televisão.

Em seguida, as mães arrumaram as roupas dos filhos nos armários. O clube fez um vídeo sobre esse retorno. Filmou os garotos descontraídos, jogando sinuca, assistindo aos jogos do Flamengo na TV e se alimentando no refeitório do prédio antes ocupado pelo time profissional. Era como se o recente episódio de 8 de fevereiro de 2019 aparentemente restasse superado. Quando Fernanda, mãe de Wendell, se despediu do filho, que ficaria novamente hospedado no Ninho do Urubu — ela o confiaria de novo ao Flamengo —, só pensou na saudade que sentiria. Deixou o CT com a certeza de que o adolescente de 14 anos estava seguro.

★

Apesar da tragédia, o ano de 2019 foi o mais vitorioso da história do futebol de base do Flamengo até então. A temporada, que ficou conhecida como de superação e ressignificação, deu ao clube 27 títulos. Foram cinco títulos internacionais, entre os quais o bicampeonato invicto do Dubai International Championship na categoria sub-16, além do campeonato Puskás-Suzuki Kupa, na Hungria, e o Verona Cup, na Itália. O sub-15 foi campeão da Aldeia Cup. O clube também faturou três títulos nacionais inéditos: os Brasileiros Sub-17 e Sub-20 e a Supercopa Sub-20, que garantiu aos garotos do Ninho vaga na Taça Libertadores da América 2020. Das treze categorias de base, doze sagraram-se campeãs em 2019. O sub-14 não levantou o título, mas bateu na trave. Foi vice-campeão do Abano Football Trophy, na Itália.

Com "a casa arrumada" e os novos troféus conquistados com a participação dos sobreviventes do incêndio, o compromisso com o futuro estava selado para os meninos que, literalmente, deram a vida pelo clube. Mas o início da temporada de 2020 mostrou que tudo mudaria. Em janeiro, dois meses antes de a Organização Mundial da Saúde caracterizar a covid-19 como uma pandemia, o que só aconteceria em 11 de março de 2020, os sobreviventes do incêndio começaram a ser dispensados pelo Flamengo. Naydjel, o paranaense de Marechal Cândido Rondon, foi um dos primeiros. Ele foi desligado do clube, por telefone, no dia 8 de janeiro de 2020, dia do seu aniversário de 15 anos.

A notícia, recebida pela família dele durante o dia da comemoração, trouxe muita tristeza. Baqueado, Naydjel sentiu-se sem chão. Telefonou para outros garotos, entre eles o curitibano Gasparin, e descobriu que não era o único a deixar o clube. Mesmo impactados, os jogadores em formação tentaram seguir em frente. "Tem muitos testes para eu fazer em outros clubes. Deus não iria fechar uma porta e não abrir outra maior", pensava Naydjel.

O paulista Caike foi mais um sobrevivente desligado em janeiro de 2020. Felipinho, vice-artilheiro do sub-17 em 2019, também. Quando recebeu a notícia, ele não conseguia acreditar. Aliás, ninguém conseguia. Muito abalado, Felipinho decidiu que precisava ser persistente. "Se Deus me deu a chance de escapar do alojamento é porque tem um propósito pra mim", dizia para si mesmo, buscando, nos dez amigos mortos, a inspiração para continuar suando a camisa, com o objetivo de se tornar um jogador profissional. Wendell, morador de Diadema, era outro que figurava entre os dispensados.

— Filho, não fique triste — consolou Fernanda. — Às vezes uma porta se fecha para outra se abrir — disse a mãe, no esforço de ajudá-lo a enfrentar mais um momento difícil.

As dispensas dos sobreviventes continuaram em 2021, com a saída de Cauan. O ano de 2022 foi o último em que o mineiro Filipão esteve ligado ao Flamengo. Desde o ano anterior, ele estava emprestado pelo clube ao Guarani de Campinas (SP). O piauiense Samuel Barbosa também deixou o Flamengo em 2022.

★

Por trás do sonho da maioria dos meninos que aspiram a se tornar jogador profissional, há algo muito maior: um ramo de negócios chamado futebol. Trata-se de uma atividade altamente rentável, cuja natureza provoca impacto econômico. Um estudo divulgado no final de 2019 pela Confederação Brasileira de Futebol (CBF) — o levantamento foi realizado pela CBF em parceria com a consultoria EY — apontou que o esporte movimentou um total de 52,9 bilhões de reais no Brasil, o que representava 0,72% do total do Produto Interno Bruto (PIB). Conforme relatório anual, divulgado pela Federação Internacional de Futebol (Fifa), foram movimentados 468,4 milhões de dólares em 2021 apenas com as transferências dos jogadores brasileiros para times estrangeiros, o equivalente a 26 bilhões de reais se for considerada a taxa média do dólar naquele período, cotada em 5,39 reais. Ainda assim, o valor total dos jogadores brasileiros caiu 36% em relação ao período anterior. Em 2020, as transferências alcançaram a casa dos 734 milhões de dólares.

A rentabilidade do negócio também envolve a paixão do torcedor pelo time do coração, que o leva a comprar ingressos para frequentar estádios e a consumir produtos relacionados à

Arthur Vinícius 14 anos   09/02/2004 — 08/02/2019

© Valdir Santiago

Jogando pela categoria de base do Flamengo

Acervo família

Arthur com a mãe quando
defendia o Voltaço

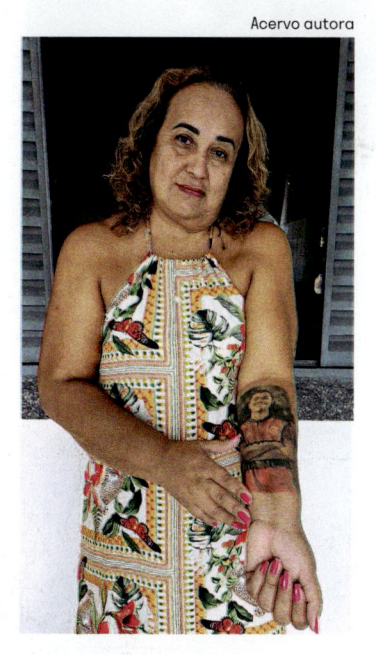

Acervo autora

Marília com o braço tatuado
em homenagem ao filho

Athila 14 anos   11/03/2004 — 08/02/2019

Defendendo a camisa rubro-negra

Athila com os pais, José Damião e Diana

Athila com o pai

Bernardo 14 anos   06/06/2004 — 08/02/2019

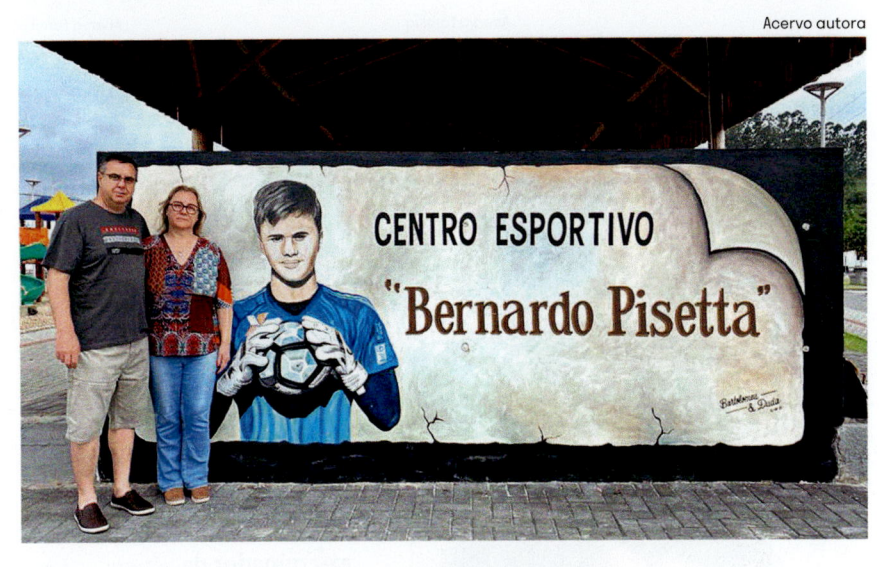

Acervo autora

Darlei e Lêda, pais de Bernardo, no Centro Esportivo Bernardo Pisetta, em Indaial, Santa Catarina

Acervo família

Acervo família

Bernardo no Estádio Municipal do Pinhão

Bernardo e o avô, "seu" Manzke

Christian 15 anos 05/03/2003 — 08/02/2019

Acervo família

Christian com uniforme da Seleção Brasileira na Granja Comary

Acervo família

Christian com Tite, ex-treinador da Seleção Brasileira

Acervo família

Christian e sua mãe, Andreia

Gedson 14 anos   27/03/2004 — 08/02/2019

Acervo família

O jogador batizado pela torcida de Mini Messi

Acervo família

Gedinho com o pai

Acervo autora

Gedson e Teresa, pais de Gedinho, com os filhos mais novos, Geraldo (7 anos) e Gael (4 anos)

Jorge Eduardo 15 anos   14/02/2003 — 08/02/2019

Acervo família

Jorge Eduardo e Zico, o maior ídolo
da história do Flamengo

© Valdir Santiago

Alba, mãe do jogador,
com o filho

Acervo família

O atleta com o pai,
Wanderlei

Pablo Henrique 14 anos 01/11/2004 — 08/02/2019

Acervo família

Acervo autora

Pablo Henrique no Rio de Janeiro

Sara e Wedson, mãe e pai de Pablo Henrique, em frente ao mural que fizeram em casa para homenagear o filho

Acervo família

Pablo Henrique com os pais

Rykelmo 16 anos   26/02/2002 — 08/02/2019

Acervo autora

Mãe de Rykelmo, Rosana, com a filha Camila, em frente ao pôster que ela fez em homenagem ao filho na sala de casa

Acervo família

Acervo família

Rykelmo no Museu do Amanhã em 2018

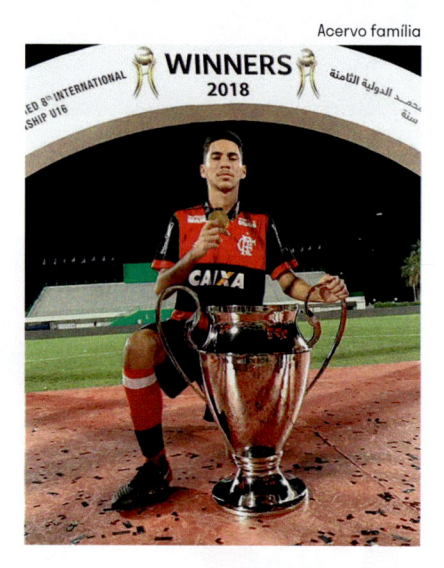

Na conquista do título do 8º Hamdan International Football Championship, disputado em Dubai, nos Emirados Árabes Unidos

Samuel Rosa 15 anos   03/04/2003 — 08/02/2019

Acervo família

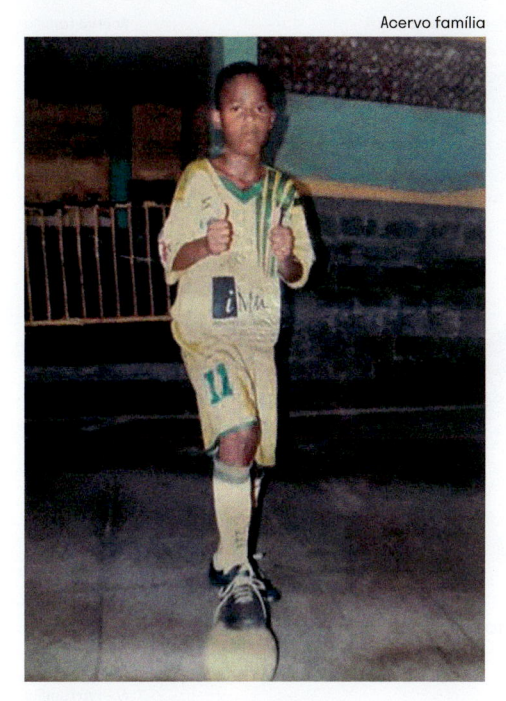

Acervo autora

Samuel, criança, no Pavunense Futebol Clube

Cristina com a foto do filho

© Valdir Santiago

Samuel jogando pelo Flamengo

Vitor Isaias 15 anos   01/01/2004 — 08/02/2019

Acervo família

Acervo família

Dona Jô com o neto

Vitor em seu aniversário de 15 anos

Acervo família

Vitor, Sérgio Morikawa e o melhor amigo, Kenzo Morikawa

Alguns sobreviventes

Cauan Emanuel

Filipe Chrysman

Gabriel
(ao lado de Gedinho)

João Vitor Gasparin

Naydjel

Pablo Ruan

Samuel Barbosa

Wendell

de Treinamento do Flamengo

© Felipe Nadaes

RIO DE JANEIRO

- Ilha do Governador
- Campo Grande
- Méier
- Niterói
- **Vargem Pequena**
- Barra da Tijuca
- Ipanema

N — 5KM

- Estrada dos Bandeirantes
- **ALOJAMENTO ONDE OCORREU O INCÊNDIO**
- Entrada
- **NINHO DO URUBU**
- Novo módulo profissional
- Alojamento ocupado por jogadores da categoria de base após o incêndio

© Rafaela Cassiano

Homenagem aos "Nossos 10" no muro em frente ao Maracanã, arte feita por Airá Ocrespo

© Pilar Olivares/Reuters/Fotoarena

Torcedores caminhando até a sede do Flamengo em homenagem às vítimas do incêndio

© Ricardo Moraes/Reuters/Fotoarena

Alojamento do CT do Flamengo, o Ninho do Urubu, depois do incêndio

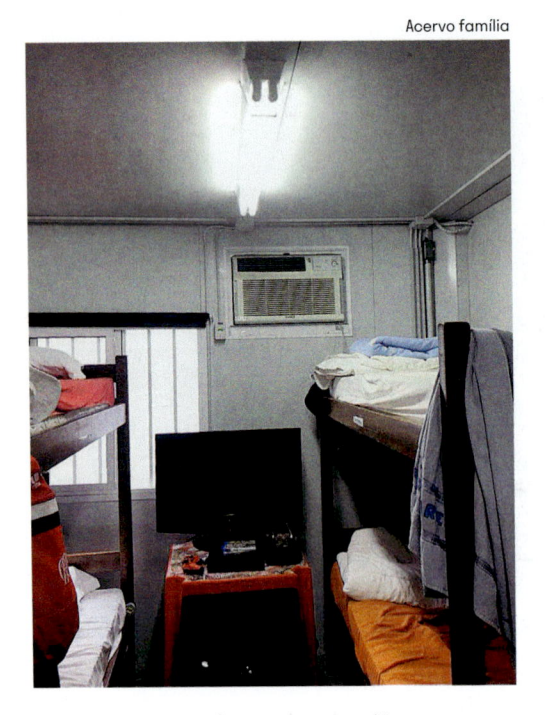

Acervo família

Como eram por dentro os contêineres do Ninho do Urubu

Disposição dos dormitórios no alojamento onde ocorreu o incêndio no Ninho do Urubu

✱ Posição em que as vítimas fatais foram encontradas pelos peritos

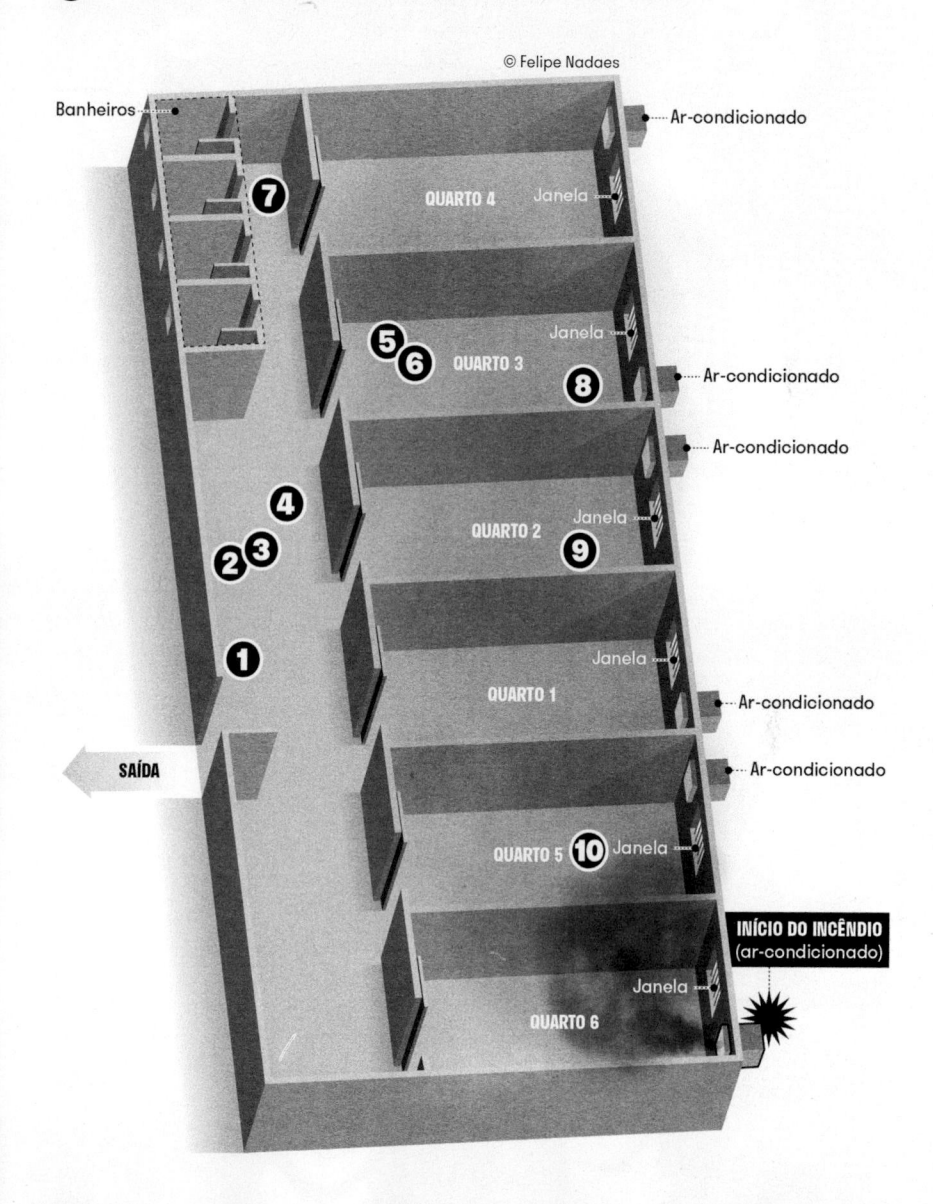

© Felipe Nadaes

Banheiros
Ar-condicionado
QUARTO 4 — Janela
❼
QUARTO 3 — ❺ ❻ — Janela — ❽ — Ar-condicionado
Ar-condicionado
QUARTO 2 — Janela — ❾ — Ar-condicionado
❹
❷ ❸
❶
QUARTO 1 — Janela — Ar-condicionado
SAÍDA
Ar-condicionado
QUARTO 5 — ❿ Janela
INÍCIO DO INCÊNDIO (ar-condicionado)
QUARTO 6 — Janela

❶ Gedson	❸ Vitor	❺ Jorge	❼ Bernardo	❾ Athila
❷ Pablo	❹ Arthur	❻ Samuel	❽ Christian	❿ Rykelmo

NOSSOS 10

Pablo   **Jorge**

Gedson   **Vitor**   **Samuel**

Arthur   **Rykelmo**   **Christian**

Athila   **Bernardo**

agremiação. Fora isso, ainda há os patrocínios e os prêmios pagos nas competições. Em 2022, o Campeonato Brasileiro premiou o Palmeiras com cerca de 45 milhões de reais, o maior valor pago, até então, para um campeão do torneio.

Ser bom de bola é apenas o começo da história na lógica comercial do futebol. O foco nos altíssimos resultados financeiros exige um nível de profissionalização e de organização empresarial tão potente que se tornar uma estrela no mercado é uma realidade para poucos. Uma pesquisa realizada pelo Centro de Defesa da Criança e do Adolescente Yves de Roussan (Cedeca), pelo Fundo das Nações Unidas para a Infância (Unicef) e pela Secretaria Estadual para Assuntos da Copa do Mundo da Fifa Brasil 2014 (Secopa) revelou que a probabilidade de um atleta em formação se tornar astro do futebol é semelhante à de ganhar na loteria.

Desde que a Mega-Sena foi instituída, em 1996, como modalidade de jogo no país, seiscentos brasileiros ganharam o prêmio. Tendo como referência a população atual, 1 em cada 338 mil brasileiros já teria ganhado o prêmio, o que corresponde a apenas 0,0003% da população.

Celso Marques, o primeiro treinador do catarinense Vitor Isaias, morto no incêndio no alojamento do Flamengo, encerrou a carreira de jogador de futebol aos 25 anos de idade, após romper os ligamentos de um joelho. Na época, seus rendimentos eram compatíveis com dois salários mínimos. Sem perspectiva nos gramados, ele voltou a estudar e formou-se em Educação Física. Com a escolinha de futebol que dirige há quinze anos, conseguiu ganhar mais e se realizar, embora não tenha abandonado o sonho de transformar vidas através do futebol. Por experiência própria, entretanto, ele, que hoje está com 39 anos, sabe como o caminho é difícil. Dos cerca de 6.500 meninos que treinou nesse período, apenas três se destacaram nacionalmente, sendo Vitor Isaias o mais talentoso.

Na prática, são muitas as variáveis que afetam a aquisição de habilidades e o desempenho dos candidatos a uma vaga no lugar mais alto do pódio, sinônimo de sucesso, fama e dinheiro. Alguns fatores, porém, podem ser determinantes para o insucesso, desde a sobrecarga física — capaz de comprometer o desenvolvimento de meninos e meninas em formação — até os impactos emocionais enfrentados por crianças que desde muito cedo se veem desafiadas a abandonar o ninho, sacrificando a infância e a adolescência em busca de resultados que as tornem aptas ao posto de craque.

A pesquisa "Atletas de base do futebol: a experiência de viver em alojamento", publicada em 2014 pelo *Psico-USF*, periódico vinculado ao Programa de Pós-Graduação Stricto Sensu em Psicologia da Universidade São Francisco, mostrou que a escolha dos meninos por batalhar pela carreira não os isenta do sofrimento provocado pela distância da família. "Entende-se que a falta de tudo aquilo que pode ser representado como 'lar' equivale à ausência de uma experiência que tem valor intangível para o jovem atleta", destacaram os autores Rodrigo Salomão, Giovanna Pereira Ottoni e Cristiano Roque Antunes Barreira. O enfraquecimento dos laços afetivos e o desenvolvimento precoce de relações profissionais também são apontamentos relevantes, em função do risco de jogadores em formação se tornarem vítimas da ganância de empresários ou de procuradores não qualificados ou sem a titulação necessária para atuar nessa função.

Mesmo com o incremento e posteriores alterações na Lei Pelé (Lei nº 9.615/98) — que visa à promoção do desenvolvimento e da democratização do esporte, à proteção aos direitos dos atletas, ao estabelecimento de normas para a gestão dos clubes, à regulação das relações trabalhistas —, ainda existem limitações em seu alcance legal. Há lacunas na implantação de mecanismos direcionados ao controle interno e externo para a proteção integral e a garantia de direitos do público adolescente em formação profissional nos centros de treinamento dos clubes de futebol brasileiros, conforme alertou a equipe técnica do serviço social do Centro de Apoio Operacional das Promotorias de Justiça da Infância e Juventude do Rio de Janeiro em 2016.

★

A história do futebol brasileiro mostra que o sonho de construir uma carreira não é impossível, basta ver a galeria de craques brasileiros que continuam a inspirar gerações. De Garrincha, Pelé, Zico, Sócrates, Romário e Ronaldo a Neymar e Vini Jr., entre muitos outros nomes estelares, o talento dos gênios da bola fortalece a paixão nacional pelo futebol-arte. Mas o preço pago para consolidar carreiras milionárias pode ser alto demais. Ao mirar o resultado, pouco se fala sobre o ônus da trajetória. Ídolos, em sua maioria, são alçados à categoria de semideuses. Subtrair-lhes a humanidade é impor a cada um encargos dolorosos.

Os níveis de exigência para um atleta de alto rendimento são cada vez maiores para se alcançar a vitória. No meio do caminho, entretanto, tudo que se opõe à vitória é considerado fracasso — geralmente, causado por lesões físicas, psicológicas ou morais.

O livro *Psicologia aplicada à criança no esporte*, escrito por quatro autores brasileiros e três espanhóis com larga experiência na área, já discutia há mais de vinte anos os danos relacionados à iniciação e à especialização esportivas cada vez mais precoces.

Quando o atleta é adulto, estruturado em sua personalidade, através de uma larga experiência dentro de competições, é mais fácil de atender às exigências de rendimento e superar as decepções e mágoas dos fracassos. Mas, quando o modelo do esporte adulto é utilizado diretamente na prática desportiva infantil — a carga de treinamento proporcionalmente chega a ser igual ou maior àquela que é ministrada ao atleta de elite —, podem-se esperar vários transtornos importantes no aparelho psicofísico da criança.

No processo de formação do atleta, é preciso respeitar as fases de iniciação esportiva, desenvolvimento, aperfeiçoamento e performance. No entanto, a equação saúde mental, bem-estar e desempenho nem sempre é alcançada, resultando em adoecimento emocional.

Michelle Rizkalla, que foi psicóloga da categoria sub-20 do Flamengo de 2018 a 2022, é categórica ao dizer que os clubes formadores precisam não só acompanhar a trajetória do atleta, mas ser capazes de conciliar a saúde mental do jogador e o seu bem-estar com a questão da performance. "Infelizmente, o processo formativo fica secundário em relação ao processo de alto rendimento. A criança e o adolescente não podem ser vistos pela família e pelo clube apenas como uma aposta, sob o risco de haver uma distorção de suas competências: eu sirvo ou eu não sirvo."

Estudo realizado há uma década pelo Ministério do Trabalho e Emprego (MTE) mostra que há danos irreversíveis para crianças e adolescentes que não realizam a tão sonhada carreira como jogador profissional de futebol. Segundo o levantamento, 99% dos que buscam essa profissão não conseguem se profissionalizar, um percentual que não pode ser ignorado. Discutir os problemas causados aos meninos que deixam seus lares em idade precoce, com sacrifício ao direito à convivência familiar, para morar em centros de treinamento de futebol é urgente. No imaginário dessa infância e juventude, não há projetos de vida fora do futebol. Ao se verem impossibilitados de prosseguir na carreira, muitos experimentam um sentimento de frustração e sofrimento paralisantes.

O relatório da Promotoria da Infância e Juventude do Rio, cujas equipes técnicas vistoriaram as condições oferecidas aos jogadores da base no CT do Flamengo antes da ocorrência do incêndio, apontou que a escola não era a principal estratégia de vida dos atletas da base, mas, sim, a busca pela profissionalização no futebol. A equipe técnica de pedagogia identificou, à época da vistoria, que as escolas públicas parceiras do CT — atualmente o Ninho do Urubu conta com uma instituição de ensino regular dentro de suas instalações — adotavam mecanismos de flexibilização da presença dos atletas, havendo casos de faltas que chegavam até a dois meses justificadas por atestados médicos emitidos por profissionais do próprio clube.

A priorização do esporte em detrimento de outras demandas é confirmada na petição do Flamengo para a própria Justiça com pedido de adiamento de audiência que coincidia com a data de realização de um jogo da categoria de base. Em um dos despachos, uma audiência marcada para 22 de novembro de 2018 foi redesignada para 29 de janeiro de 2019, em função de "um jogo decisivo de semifinal na categoria sub-17 da Copa do Brasil" marcado pela CBF.

★

Morador de Franca, Gabriel foi o único atleta envolvido no incêndio no alojamento do Flamengo que estava em fase de testes no clube. Tinha disputado o Campeonato Paulista na categoria sub-13, pelo Botafogo, seguindo posteriormente para o Trieste, no Paraná, que selecionava atletas para o Flamengo. Quando o alojamento pegou fogo, ele tinha 15 anos e dormia no prédio de alvenaria próximo aos módulos operacionais em contêineres. Kennyd já fazia parte da categoria de base do clube, mas passou a noite no prédio destinado aos jogadores em avaliação. Quando ambos foram acordados pelos colegas, o alojamento já estava sendo consumido pelas chamas.

Após a tragédia, Gabriel continuou em testes no clube carioca, mas a vaga no Flamengo não aconteceu. O adolescente, que estava hospedado no hotel Ramada, no Rio, sofreu para dar a notícia à mãe, que o acompanhava.

— Mãe, eles não me aprovaram — desabafou.

— Sério?! — disse ela, tão surpresa quanto o filho.

— Sim — respondeu, decepcionado.

Depois de muitas idas e vindas entre São Paulo e Rio de Janeiro, a própria família de Gabriel nutria esperanças sobre a aprovação dele. Desde os 14 anos, o atleta estava em processo de avaliação pelo clube.

— Ah, meu filho, não fica assim. Essas coisas acontecem — respondeu, na tentativa de consolar o adolescente.

Ao retornar para sua cidade, Gabriel voltou a treinar, sendo aprovado pela Ponte Preta. No fim de 2019, porém, rompeu o ligamento cruzado de um dos joelhos durante um treino, o que o levou para a mesa de cirurgia aos 16 anos. Durante o processo de recuperação, a pandemia de covid-19 levou ao cancelamento das atividades de futebol. Nesse período, ele ficou quase um ano sem jogar. Um mês depois do retorno ao clube, o adolescente recebeu a notícia de que não ficaria no time.

Mesmo abalado, continuou decidido a seguir no futebol. Aos 17 anos, voltou a treinar, em Franca, com um antigo técnico em quem confiava, mas teve o joelho novamente lesionado durante um jogo amistoso. De lá para cá, ele faz sessões em uma academia para o fortalecimento do joelho na tentativa de retomar a carreira interrompida, apesar de saber que, em sua faixa etária, as oportunidades são mais reduzidas. Também ajuda os pais no trabalho de pesponto de bolsas e, embora tenha completado o ensino médio, ainda não tem planos para cursar uma faculdade.

Cinco anos após o incêndio no Flamengo, o jovem ainda pensa naquela tragédia. De certa forma, acredita que as coisas poderiam ter sido diferentes se aquela madrugada não tivesse acontecido. Com a vida inteira pela frente, mas sem a bola no pé, Gabriel se sente velho demais aos 20 anos.

11

0 muro

Coube à torcida do Flamengo tomar a iniciativa de construir a memória coletiva das vítimas do incêndio no alojamento do centro de treinamento. Disposto a combater o esquecimento que nega a história, um coletivo de torcedores transformou parte do muro da avenida Radial Oeste, no Rio, em memorial a céu aberto. A iniciativa de criar um espaço público em homenagem aos Garotos do Ninho em frente ao portão F do Maracanã partiu do Flamengo da Gente (FdG), movimento que adotou a hashtag #NãoEsquecemos em todas as suas manifestações desde aquele trágico 8 de fevereiro de 2019. Convidado a integrar o projeto, o artista urbano Airá Ilu-Aiê Ferraz D'Almeida assinou o mural de 60 metros quadrados que exibe o rosto e o nome dos dez jogadores da base cujos sonhos foram interrompidos pela tragédia. A presença, expressa em forma de grafite, arrebata o olhar e impõe reflexão a quem passa pelo estádio símbolo do futebol.

Filho de um sociólogo e de uma advogada que morreu quando Airá tinha apenas 6 anos, o artista cresceu em uma das casas mais pichadas do bairro de Olaria, entre o Complexo do Alemão e o 16º Batalhão de Polícia, e aprendeu desde cedo que os códigos expressos no grafite podem dividir espaço com as narrativas históricas. E o que era linguagem da juventude segue acompanhando-o pela vida adulta. Criador e curador da Copa Graffiti, Airá Ocrespo, como é conhecido o grafiteiro de 42 anos, levou arte para muros de mais de quinze estações de metrô no Rio e para escolas públicas.

Ele fazia uma intervenção nos muros da Lapa, onde reside, quando foi visto por um integrante do Flamengo Antifascista, comunidade de torcedores do Flamengo que também apoiou o projeto do mural. Foi a partir desse contato que a homenagem para os meninos do Ninho ganhou forma. Mesmo sem ligação com o futebol, Airá associou-se ao ideal da torcida em nome de uma causa: não deixar que o primeiro ano da tragédia passasse em branco.

No dia 8 de fevereiro de 2020, o time profissional do Flamengo enfrentou o Madureira, no Maracanã, pelo Campeonato Carioca. A realização de um jogo na data que marcava um ano do incêndio dividiu opiniões. Entre as homenagens oficiais do clube, os jogadores profissionais do Flamengo entraram em campo estampando nas camisas os nomes dos garotos que morreram no incêndio. Também usaram braçadeiras de luto com os dizeres "Nossos 10".

Antes de o jogo ser iniciado, um varal de uniformes com os nomes dos jogadores mortos foi erguido do lado de fora do estádio pelos membros do FdG, que repetiram o ato em frente ao Ninho do Urubu, ao prédio do Ministério Público e à sede da 42ª Delegacia de Polícia Civil, no Recreio dos Bandeirantes, responsável pela apuração do caso. Mas a manifestação popular que mais chamou a atenção foi o muro que exibia a pintura dos jogadores, porque a pintura transformou-se em lembrança permanente. A arte de Ocrespo tornou-se parte da paisagem da cidade. O muro, que antes separava a linha do trem da antiga avenida Presidente Castelo Branco, recentemente batizada de Rei Pelé, hoje é ponte que liga o passado ao presente.

★

Ao lado dos rostos dos Garotos do Ninho, uma frase se destaca no mural da Radial Oeste: "A grandeza do Flamengo está na humanidade da sua torcida." De fato, têm sido os torcedores que, a cada jogo no Maracanã, passados dez minutos do início da partida, ecoam a música "Dez estrelas a brilhar", canção que se tornou um hino dedicado aos atletas mortos. A letra de Gabriel Eleno Conceição, então operador de áudio da Assembleia Legislativa do Estado do Rio de Janeiro, foi composta em parceria com os amigos Leandro Canavarro e Coxa logo após o incêndio, ganhando o coração dos rubro-negros. A composição, inspirada em "Azul da cor do mar", chegou a ser gravada pelo cantor Dudu Nobre.

Ah, como eu queria ter vocês aqui
Honrando o manto do Mengão
Com raça e paixão
Mas esta nação jamais vai esquecer
O Flamengo vai jogar
Pra sempre por vocês
Ô, olê, olê, olê, olê, olê
São dez estrelas a brilhar
No céu do meu Mengão

Gabriel, que é filho do compositor Eleno Gabriel da Conceição, o Leco, autor do samba-enredo que embalou a vitória da Mangueira no Carnaval carioca de 2002, chorou de emoção ao ver sua música entoada por mais de 55 mil pessoas no maior palco do futebol brasileiro. Os pais dos atletas mortos também se emocionaram com o tributo. O maior sonho dos jogadores era jogar no famoso templo do futebol. Andreia, mãe do goleiro Christian, sempre imaginou o momento em que o filho entraria no Maracanã para seu primeiro jogo. O sonho dele era ouvir a torcida do Flamengo gritando seu nome. Quando isso aconteceu, o atleta não estava mais ali. A emoção de Andreia foi acompanhada de lágrimas.

Em 2022, ano em que a tragédia completou três anos, o Flamengo anunciou nas redes sociais a inauguração de uma capela ecumênica erguida dentro do CT George Helal em homenagem aos Garotos do Ninho. Na ocasião, foi celebrada uma missa com a presença do vice-presidente do clube, Rodrigo Dunshee de Abranches, e de familiares dos adolescentes. Mas o espaço memorial, erguido no mesmo local onde ficava o alojamento incendiado, tem acesso restrito, o que limita a participação da sociedade.

Em 2023, Darlei foi um dos poucos familiares que tiveram forças para participar da missa na capela do CT. Ele viajou de Santa Catarina para o Rio na véspera do dia 8. Quando deixou o Ninho do Urubu, foi visitar o que considerou o verdadeiro memorial dos garotos. O muro da Radial Oeste estava sendo reformado por Airá e pelos membros do Flamengo da Gente. O desgaste do tempo tinha comprometido a pintura. O pai do goleiro Bernardo foi abraçado pelos anônimos que cuidavam para que o filho dele continuasse sendo lembrado. Com flores nas mãos, ele ouvia os motoristas que circulavam pela avenida buzinarem para homenagear os jogadores. A manifestação popular o tocou profundamente.

A esperança das famílias é que seus filhos fossem lembrados pelo clube no Museu Flamengo, construído na sede da Gávea, o que ainda não aconteceu. Inaugurado no segundo semestre de 2023, o museu tem catorze seções temáticas, com atrações interativas que promovem uma profunda experiência imersiva na história de um clube que soma "todas as glórias", como consta no aplicativo para a compra do ingresso. Ao iniciar a visita, uma frase em especial chama a atenção: "Craque, o Flamengo faz em casa." Para os dez jogadores das categorias de base do Flamengo que morreram dentro do Ninho do Urubu — coração do futebol Rubro-Negro —, o sonho de se tornar um craque da casa foi interrompido.

★

O papel da torcida flamenguista foi mudando junto com o clube, que, ao contrário do que dizem os estudiosos da agremiação, não carrega a popularidade em seu gene. É o que mostrou Renato Soares Coutinho, professor do Programa de Pós-Graduação de História do Brasil Republicano pela Universidade Federal Fluminense (UFF), no livro *Um Flamengo grande, um Brasil maior*, cuja segunda edição foi publicada no ano da tragédia. Fruto da sua tese de doutorado, a pesquisa de Coutinho analisou as origens da popularidade do Clube de Regatas do Flamengo. Ele também investigou as motivações simbólicas que fazem pessoas se organizarem para torcer por um time.

A pesquisa evidencia que, no ano de sua inauguração, em 1895, o Clube de Regatas do Flamengo não tinha a menor pretensão de angariar simpatizantes nas camadas populares, porque a instituição representava os valores de grupos sociais vinculados a um imaginário elitista, no qual estava inserido. Na década de 1930, porém, ao se apropriar do bem-sucedido discurso nacionalista estatal, o clube dirigido por José Bastos Padilha criou novos símbolos identitários que permitiram reorganizar a relação com a torcida, encontrando um vocabulário mais afinado com os valores, as tradições e os anseios dos trabalhadores e da própria cultura popular. "O Flamengo passou pelo processo de reinvenção dos símbolos que permitiram a superação dos valores racistas e elitistas que norteavam as ações do clube nos seus primeiros anos", apontou Coutinho ao citar o início da profissionalização do desporto, com a criação de uma liga de futebol profissional. O "novo Flamengo", que se reinventava com o fim do amadorismo, passava a representar a brasilidade mestiça e popular. Em 1936, nascia o jargão "Uma vez Flamengo, sempre... Tudo pelo Brasil", tema da campanha veiculada na mídia impressa que premiaria a foto que melhor traduzisse a imagem do clube.

Naquele mesmo período, o Flamengo da "raça, do entusiasmo e do esforço contínuo e sem tréguas", detentor da "chama que não se extingue", ganhava ainda mais espaço na imprensa. Mais do que isso, com a ajuda dos jornais, o torcedor passou de mero espectador — nas primeiras décadas do século XX, o público assistente era composto quase na totalidade pelo quadro de associados — a uma posição de destaque: a de motivador dos atletas. O "novo jeito de torcer", adotado como estratégia de inclusão de novos grupos sociais em sua composição, destacou-se na forma de uma torcida organizada, apoiadora dos jogadores em campo.

Esse novo torcedor, que ganhava espaço nas arquibancadas dos estádios e nas páginas dos jornais, passou a ser reconhecido como fator determinante para o rendimento do time, provocando, segundo a pesquisa de Coutinho, um fenômeno que até hoje é a peça-chave do imaginário das torcidas, no qual o torcedor se entende maior do que o clube pelo qual torce. "O Clube de Regatas do Flamengo, ao inventar o alfabeto simbólico que lhe permitiu o diálogo com o torcedor distante da sede (Gávea), definiu sua nova marca", analisou o pesquisador, criando um canal de diálogo que se tornou construtor do vínculo afetivo. "E a vitória da torcida do Flamengo era a maior demonstração de que todos cabiam na arquibancada, patrão e operário, mas o entusiasmo que caracteriza a verdadeira torcida pertencia aos grupos populares."

A transformação das bases simbólicas da instituição forjou a memória popular do clube. E a invenção dessa memória ocorreu no mesmo momento em que o clube se associou aos símbolos populares. Junto com a popularização do futebol, manifestações historicamente marginalizadas, como a capoeira, desfile de blocos carnavalescos e o samba, encontraram espaços para a afirmação da sua legitimidade nas celebrações cívicas. Essas celebrações faziam parte da modernização autoritária do Estado. Aliás, o discurso nacionalista, pertencente ao vocabulário estatal, passou a ser reconhecido pelo operariado.

Se até o fim dos anos 1940 a associação entre o futebol e os símbolos pátrios estava em construção, a realização da Copa no Brasil, em 1950, consolidou a imagem do país como a "pátria de chuteiras". Foi exatamente nesse ano que Horst Eralfo Manzke, o avô do goleiro Bernardo, tornou-se flamenguista sem nunca ter visto o time jogar.

Em Indaial, em Santa Catarina, a mais de mil quilômetros do Rio, ele se apaixonou pelo clube aos 10 anos de idade, depois de ver um pôster dos jogadores publicado em uma revista. Filho de imigrantes alemães que trabalhavam em troca de moradia e comida, Manzke nasceu no Brasil durante a Segunda Guerra Mundial e cresceu em uma vila operária. Sem rádio em casa, febre dos anos 1950, ele escutava as partidas do futebol carioca, transmitidas pela Rádio Nacional, na casa de um vizinho. Hoje, com mais de 80 anos, ele não conseguiu eleger outro clube de coração mesmo impactado pela tragédia que vitimou seu neto.

Ao passar a dialogar com os setores populares, o clube, que nasceu em meio ao refinamento da elite carioca, reivindicou e ganhou o posto de representante da nação. Em julho de 2023, o perfil oficial da agremiação publicou o resultado da pesquisa conduzida pela Sport Track, referente ao ano anterior, a qual apontou que a torcida flamenguista representa 24% da população nacional. Em um país com 203 milhões de pessoas, conforme o Censo do IBGE de 2022, 48,7 milhões de brasileiros seriam torcedores do Rubro-Negro. No X, antigo Twitter, o Flamengo conta com 10 milhões de seguidores. De acordo com a empresa Samba Digital, ele está no top 10 mundial dos clubes com maior interação na rede social do bilionário Elon Musk.

Ser popular é sinônimo de sucesso nos negócios. Nessa equação, dinheiro e poder caminham juntos.

12

Décimo segundo

Testemunhar um episódio tão doloroso, capaz de mudar a forma pela qual o indivíduo se relaciona consigo mesmo, com os outros e com o próprio tempo, requer novos aprendizados. Reconstruir o que foi arruinado, principalmente a esperança no futuro, demanda um exercício diário de resistência. E tão difícil quanto enfrentar a morte é lidar com a precificação da vida. Embora a busca por reparação seja fundamental, a discussão sobre o pagamento de indenização após uma tragédia nunca é fácil, pois reduz vítimas a mercadorias sobre as quais é necessário não só colocar um valor, mas também negociá-lo.

Para tentar minimizar os impactos emocionais que o debate sobre as indenizações teria sobre as famílias, o Ministério Público e a Defensoria Pública do Rio de Janeiro uniram esforços na intermediação das discussões relativas à reparação integral pelos danos materiais e morais, individuais e coletivos decorrentes do incêndio no CT. Representantes do Flamengo foram os primeiros a procurar o órgão ministerial para o estabelecimento de um "processo de composição amistosa".

Com o objetivo de apresentar um Programa de Indenização (PI) exitoso, o MP sugeriu que fosse adotado o mesmo PI utilizado na reparação dos familiares das vítimas do acidente com o avião 447 da Air France. Na noite de 31 de maio de 2009, a aeronave decolou do Galeão, no Rio de Janeiro, em direção ao Aeroporto Charles de Gaulle, em Paris, caindo horas depois no oceano Atlântico e matando as 228 pessoas a bordo. A queda do AF 447, na madrugada de 1º de junho, provocou alterações profundas no setor — sobretudo no treinamento de pilotos.

Embora o Programa de Indenização 447 (PI 447) seja uma referência de experiência bem-sucedida de mediação em eventos de grande impacto por parte do Ministério Público do Rio, o Flamengo não concordou em seguir um programa igual. Oito dias após a primeira reunião de mediação, o clube anunciou que não tinha mais interesse em celebrar um acordo por intermédio do MP, decidindo negociar acordos individuais com as famílias atingidas pela tragédia no Núcleo de Mediação do Tribunal de Justiça do Rio de Janeiro. Para o Ministério Público, a falta de um padrão para a fixação das indenizações indicava uma estratégia, por parte do Clube de Regatas do Flamengo, de "exploração de uma assimetria de poder" com os familiares das vítimas fatais e com as vítimas sobreviventes.

Antes de partir para a realização de acordos individuais, o Flamengo havia discutido com os órgãos públicos o valor de 150 mil reais para ressarcimento do dano moral individual para cada genitor de vítimas fatais, 50 mil reais para cada irmão e 25 mil reais para cada avô. Para o grupo de vítimas lesionadas com danos permanentes, considerou o pagamento integral dos estudos até o ensino superior, além de uma função específica no clube — coordenador, relações-públicas etc. — caso o atleta não se tornasse jogador no futuro, ou o recebimento de uma pensão, além de pagamento de 150 mil reais a título de dano moral individual. Para o grupo de vítimas lesionadas sem danos permanentes, a agremiação arcaria com 40 mil reais, a título de dano moral individual, e 20 mil reais, para atletas e funcionários não lesionados. Como valor de pensão, o clube propôs o pagamento de um salário mínimo por genitor pelo período de dez anos. Os órgãos públicos consideraram os valores propostos pelo Flamengo "insuficientes e inadequados à satisfação dos direitos individuais e coletivos ocorridos".

Em 19 de fevereiro de 2019, um dia depois de assinar a ata de reunião que discutiu essa composição, o diretor jurídico do Flamengo, Bernardo Accioly, telefonou para a sede da Defensoria Pública do Estado do Rio de Janeiro e informou que não havia mais interesse por parte do clube em firmar Termo de Ajustamento de Conduta com os órgãos públicos, encerrando as tratativas por parte do Flamengo. A ligação foi feita 55 minutos após o horário combinado para o início de uma reunião presencial — seis da tarde — na qual dois defensores públicos, três promotores de justiça e quatro procuradores do Trabalho já aguardavam por representantes da agremiação.

No dia seguinte, a Defensoria Pública, por meio do Núcleo de Defesa do Consumidor, e o Ministério Público do Rio ajuizaram ação contra o Flamengo, no Juizado Adjunto do Torcedor e Grandes Eventos do Tribunal de Justiça do Estado do Rio, com pedido de interdição imediata de todo o CT e bloqueio judicial de 57.550 milhões de reais das contas do clube, visando ao pagamento de futuras indenizações.

O fato é que, em março daquele mesmo ano, um Instrumento Particular de Transação, com previsão de multa em caso de rompimento de compromisso de confidencialidade, teria pactuado o pagamento, por parte do Flamengo, de 20 mil reais para o atleta sobrevivente ao incêndio do Ninho do Urubu que não teve lesões físicas. Aqueles que sofreram algum tipo de lesão teriam recebido 40 mil reais. Em relação aos pais dos atletas que morreram, as indenizações foram negociadas caso a caso. Somados, os valores pagos a título de reparação para as dez famílias não teriam alcançado nem 3% dos cerca de 800 milhões de reais que o Flamengo investiu, desde 2019, em seu elenco principal, considerando aquisições, luvas, renovações e comissões.

Das dez famílias atingidas pelo incêndio, apenas uma não celebrou o acordo com o Flamengo. Andreia e o ex-marido, Cristiano, se recusam a aceitar que seja o clube quem defina o valor da vida de Christian. "É como se o réu decidisse quantos anos de prisão quer cumprir", compara a mãe do jogador. Em dezembro de 2021, eles ajuizaram uma ação indenizatória com pedido de tutela de urgência contra a agremiação, mas até dezembro de 2023 ainda não havia decisão judicial.

Embora saibam que dinheiro nenhum vai trazer o atleta de volta, os pais do goleiro não querem que a palavra final em relação ao filho morto seja do Rubro-Negro. Do time que em 2023 alcançou, pelo segundo ano consecutivo, o topo do ranking das marcas mais valiosas do futebol brasileiro — o valor estimado pela Brand Finance é de 516 milhões de reais —, Andreia e Cristiano recebem, a título de ajuda financeira, 5 mil reais mensais. O valor, pago pelo clube desde que o fogo no alojamento do futebol de base matou o filho deles e outros nove jogadores, é dividido entre os dois.

Já as famílias que assinaram a proposta de indenização do clube, ao longo de três anos, se viram envolvidas em inúmeras especulações e ainda mais sofrimento ao serem "acusadas" de terem ganhado dinheiro com a morte dos filhos. Para além da devastação provocada pela ausência, os parentes desses jogadores estão muito distantes do que o imaginário coletivo entende como riqueza. Hoje, eles experimentam uma vida mais confortável do que antes, porém alguns desses pais e mães continuam nos mesmos empregos e morando nos mesmos lugares. E, por mais que tenham melhorado o status financeiro, estão privados da convivência com seus amores. Em uma tragédia, os primeiros sentenciados são as famílias. Presas às lembranças, elas se agarram à memória para manter o passado junto de si. Dos filhos que não alcançaram a vida adulta, só o que viram crescer foi a saudade.

★

Em São José, município localizado na Grande Florianópolis, dona Jô comprou a casa de dois andares que o neto Vitor

Isaias tanto sonhara lhe dar de presente com o dinheiro que ganharia com o futebol. No entanto, incapaz de acostumar-se com o espaço que nunca teve, a avó do jogador colocou a cama de casal no meio da sala, transitando nos limites entre a cozinha e o quarto improvisado. Aos 57 anos, ela não sente ânimo para subir os treze degraus de escada e frequentar o segundo andar, aonde só vai para abrir as janelas vez ou outra. Sem saber nadar, ela conta nos dedos de uma das mãos a quantidade de vezes que entrou na pequena piscina de fibra do jardim. A "Manezinha", como Vitor a chamava, não consegue usufruir uma vida sem o neto. É grata pelo que ele lhe deixou, mas está longe de sentir-se feliz. Os momentos em que se sente melhor são aqueles nos quais está com os pés fincados na terra do "dono do cartório", cujo lote faz divisa com a casa dela. Com autorização dele, dona Jô mantém na área dois cachorros, um curral com três vacas, um minitouro e mais de uma dúzia de galinhas. Antes eram vinte aves, mas, com a morte de Feia — dona Jô deu nome a todas as galinhas —, sobraram dezenove.

Ela também continua cuidando de gente. Além de ter criado os cinco filhos e o neto Vitor, dona Jô ajuda a cuidar do pequeno Benjamin, que Jackson adotou com seu companheiro. Com medo de ser rejeitado, o primogênito só assumiu a homossexualidade aos 27 anos. Um dia, ele ajoelhou-se junto da mãe e revelou o que ela sempre soube. Dona Jô levantou o filho do chão e respondeu que o amava ainda mais.

— E ai daquele que atravessar o seu caminho ou o meu para dizer alguma coisa sobre você — avisou.

Daquele momento em diante, Jackson aprendeu a se defender. Hoje, aos 42 anos, tem dona Jô como maior referência de afeto. É assim, compartilhando seu amor, que ela tenta lidar com a ausência de Vitor Isaias.

★

Alba e Wanderlei, pais de Jorge Eduardo, moram no mesmo terreno que ela herdou do pai em Além Paraíba. Decidiram usar o dinheiro da indenização que receberam do Flamengo para construir uma casa maior, sem, porém, derrubar a antiga. Foi no pequeno imóvel de chão batido e tijolos aparentes que eles experimentaram os anos mais difíceis, mas também os melhores. Quando a família estava completa, os dias eram mais leves. Da casa nova ainda em construção, Alba faz questão de mostrar a suíte. Ter um quarto com banheiro era o sonho de Jorge Eduardo.

Não tem sido fácil, entretanto, lidar com tudo que a perda do filho lhes trouxe, a começar pela dor. Quando Jorge Eduardo morreu, Wanderlei também quis morrer. Decidido a tirar a própria vida, ele passou a ser vigiado pela família. Pessoas próximas ao mecânico esconderam o carro dele na tentativa de impedir que cometesse um desatino. Júnior, velho amigo de Wanderlei, também se manteve por perto. Tomar a decisão de continuar vivo levou tempo para o pai do jogador. Wanderlei precisou buscar um novo propósito após a tragédia. O mecânico até abriu sua própria oficina, mas hoje quem trabalha nela é o irmão Luciano. O pai de Jorge Eduardo não quis deixar o antigo emprego na Shopping Car, oficina na qual está há catorze anos. O trabalho com carros, sua paixão, o ajuda a enfrentar a nova rotina sem o seu craque, embora ele ainda acompanhe, da calçada, a passagem dos ônibus que traziam o filho para perto do ninho.

— Ué, você veio hoje?! E o jogo amanhã? — dizia o pai sem conseguir demonstrar o tamanho da alegria que sentia ao ver Jorge Eduardo. — Não quero que deixe seu trabalho para vir em casa passear.

— O jogo foi sexta, pai.

— Ah, bom — respondia Wanderlei, mantendo a fama de durão.

Enfrentar o julgamento alheio também tem sido uma tarefa penosa para os pais do jogador. Um dia, na fila do banco, Alba foi abordada por uma mulher desconhecida.

— Vocês ganharam dinheiro, né? Agora você está rica.

Ela não aguentou ficar calada.

— Rica é quem acorda todos os dias de madrugada, abre a porta do quarto dos seus filhos e vê que eles estão lá dentro. Certamente você deve ser muito mais rica do que eu.

Envergonhada, a mulher foi embora.

Decidida a ser mais do que uma mãe de vítima, Alba resolveu transformar seu dom na cozinha em negócio. Desde que abriu um serviço de entrega de comida, ela viu a clientela crescer, sendo premiada na cidade com o prêmio Colher de Ouro. O reconhecimento público tem ajudado a mãe de Jorge Eduardo a se manter de pé. Os amigos do filho também têm sido fundamentais. Em 14 de fevereiro de 2021, data em que o jogador completaria 18 anos, eles foram até a casa de Alba e Wanderlei para homenageá-lo.

— Wanderlei, acho que a gente é maluco — disse a esposa durante o churrasco que celebrou os 18 anos de nascimento do filho morto.

Mais tarde, ela encontrou a resposta.

— Não somos malucos. Descobri, no grupo dos pais que mantemos no WhatsApp, que muitos deles fizeram o mesmo — disse, compreendendo que qualquer tipo de rótulo diminui a potência da vida.

★

Marília também permanece no mesmo endereço, em Volta Redonda. A casa onde ela criou Arthur até a data da morte dele ainda não sofreu qualquer alteração. Em primeiro lugar, a mãe do jogador precisava reformar seu mundo íntimo, aprender a viver para si. A decisão de olhar-se no espelho, um desejo do filho único, foi amadurecendo dentro dela. Quando Marília conseguiu sentir algo além de dor, iniciou a complexa jornada de aceitação da nova vida. Não aguentaria carregar por muito tempo a culpa por ter autorizado o filho a jogar no Flamengo, nem suportaria o cansaço da busca permanente por uma explicação para ele ter partido tão precocemente.

Ela, que sempre pedia a Arthur que buscasse a fé, a sabedoria e a gratidão, precisava encontrar o que ensinara a ele. Dedicou-se a exercitar a gratidão por ter sido a mãe do jogador durante quinze anos. Depois, procurou na sabedoria um remédio contra o ódio que nunca permitiu crescer dentro dela. Passado um tempo, encontrou na fé em Deus a sua forma de enfrentar o luto, achando a paz que procurava. Nunca se sentiu desamparada. Quando Marília conseguiu juntar-se de novo, deu andamento ao processo de aposentadoria. Em seguida, atendeu a um dos pedidos do filho: aprender a dirigir. Em 2021, aos 52 anos de idade, Marília finalmente tirou carteira de habilitação, após ter sido reprovada nas duas primeiras tentativas. Foi a primeira vez, em três anos, que ela chorou de alegria. Pensava no orgulho que Arthur sentiria dela ao vê-la guiando o próprio destino.

Agora, já consegue lidar com a ideia de mexer na casa que herdou dos pais. Quer reformar os banheiros e ampliar a área externa.

— Marília, pra que você vai melhorar a casa se não tem pra quem deixar? — disse um primo sem se dar conta da violência de suas palavras.

— Quero cuidar desta casa porque é um patrimônio dos meus pais. E tenho sobrinhos para ficar com ela.

Ele arrependeu-se.

— Desculpe, falei sem pensar.

Marília não nutre raiva de ninguém. Nem do Flamengo.

★

Embora tudo tenha mudado desde a partida de Bernardo, o passado ainda é a principal referência para Lêda e Darlei. Em Indaial, Santa Catarina, o casal mantém o quarto do filho do mesmo jeito que ele deixou ao voltar para o Centro de Treinamento do Flamengo, no Rio. As roupas continuam no armário, os troféus estão devidamente ordenados nos nichos. A cama está coberta por uma colcha com o escudo do time que o adolescente defendeu até o dia da sua morte. Lêda e Darlei ainda moram no mesmo imóvel que compraram por meio de financiamento imobiliário contratado por cem meses. Recentemente, o casal conseguiu quitar as últimas prestações junto ao banco. Nesse acerto, no entanto, os pais de Bernardo se recusaram a usar o dinheiro da indenização pago pelo clube carioca, porque, na verdade, nunca precisaram dele. Darlei continua trabalhando na empresa de beneficiamento de arroz e Lêda deu aulas até o início de julho de 2023, quando finalmente se aposentou por tempo de serviço.

Após a morte do goleiro, os natais continuaram sendo realizados na casa do vô Eralfo e da vó Olinda. Aos 83 anos, o patriarca dos Manzke ainda ornamenta com orquídeas o amplo jardim por onde Bernardo corria. A maioria das flores, porém, é artificial, um segredo que Eralfo guarda a sete chaves. Apesar de tudo parecer igual, os parentes do jogador sabem que a vida sem Bernardo jamais será a mesma. Hoje é Murilo, o irmão mais velho do atleta, a maior ligação de Darlei e Lêda com o presente. Em maio de 2023, aos 24 anos, ele surpreendeu os pais com a notícia de que eles seriam avós. Grávida de dois meses, a esposa de Murilo esperava um menino. Kaleo, que significa "a voz de Deus", chegou ao mundo em dezembro de 2023. Desde então, o neto tem sido a conexão da família de Bernardo com o futuro.

★

    Na cidade mineira de Oliveira, Sara e Wedson mantêm o "hall da fama" de Pablo Henrique no corredor da casa nova, com medalhas, chuteiras e uma galeria de fotos. Em uma vitrine dedicada ao filho, eles contam a maior parte da vida do menino que morreu aos 14 anos no CT do Flamengo. Nesse espaço de memória, até a infância foi envidraçada. Os carrinhos com que Pablo Henrique brincou menos do que com a bola também ocupam lugar nas prateleiras adornadas de lembranças em forma de bonés e das camisas prediletas.

    Pablo Henrique está impresso em cada metro quadrado do imóvel que o jogador deu para os pais, a primeira casa própria deles. Transformar a vida da família era o desejo do adolescente, mas saber que o atleta não teve a chance de usufruir nada disso não tem sido fácil para o casal. Sara e Wedson sempre sorriem quando falam do filho, mas de um jeito triste, próprio de quem nunca mais foi inteiro. Ser metade é uma das heranças do luto.

    Rosana também transformou uma parte da casa em galeria para homenagear Rykelmo. As fotos plotadas em formato de pôster ocupam a parede principal da sala na casa de Limeira e são acompanhadas da frase "Grande vencedor". A ex-funcionária da lavanderia da Santa Casa ainda reside no imóvel da mãe, que ela reformou parcialmente com o valor da indenização que recebeu do Flamengo. Não conseguiu mexer em tudo, mas fez o possível para criar acessibilidade para Camila, a filha cadeirante, hoje com 34 anos. Também conseguiu dar um quarto para Natália, a caçula adolescente. Sem Rykelmo, Rosana cuida da família hoje composta só por mulheres. O termo "guerreiro", com o qual homenageou o filho no enterro dele, também serve para ela.

★

Um mês após o falecimento de Gedinho, a mãe do jogador descobriu que estava grávida do terceiro filho. Gael nasceu no ano em que o primogênito foi enterrado. Foi difícil para Teresa lidar com sentimentos tão contraditórios. Acolher a vida no mesmo instante em que precisava absorver a morte provocou conflitos no coração dela. Hoje, com 4 anos, o caçula da família experimenta, ao lado do irmão Geraldo, de 7 anos, a rotina de afeto junto aos pais. O casal até reconhece traços de Gedinho nos meninos, mas respeita a singularidade de cada filho, único na forma de ser amado. Gael e Geraldo crescem saudáveis na casa nova, onde um dos quartos é dedicado ao atleta. No processo de construção de novas lembranças, Gedson e Teresa lutam, todos os dias, para que o passado com Gedinho não fique congelado nas imagens dos porta-retratos espalhados pela casa.

Em São João de Meriti, Cristina também mantém um quarto com tudo o que foi de Samuel. O filho cumpriu a promessa de tirar a família da rua Congo, mas, sem ele, a mudança da casa do beco é sinônimo de incompletude. Na nova residência de dois andares, o primeiro imóvel próprio da família, Cristina, que é mãe de outros dois filhos, sempre se refugia no terraço, lugar que ela elegeu para conversar com Deus.

Foi lá que conta ter recebido um chamado: "Levanta! Levanta que a caminhada é longa. Não quero ver você assim", revelou a frequentadora da Assembleia de Deus. Em meio a salmos e preces que alcançam todos os pais dos meninos do Ninho, ela tenta seguir em frente. "Senhor, bota um bálsamo em nossos corações", suplica sempre que pode.

José Damião ainda não consegue experimentar a paz de Cristina. Desde que ele e a esposa, Diana, se despediram de Athila, o filho único, o ex-vigia de Lagarto espera que o tempo amenize a saudade. A passagem dos anos, no entanto, ainda não aliviou a dor que sentem. Tudo mudou sem o jogador. Eles também. É difícil reencontrar o sentido quando se perde a direção. Diana e José Damião ainda estão tentando. Às vezes, quando eles se perdem até de si mesmos, recorrem ao bilhete que Athila deixou escrito na capa do caderno da escola: "Mãe, eu te amo. Só tenho a agradecer a você e ao meu pai por terem me colocado no mundo."

O mundo era muito melhor com eles.

★

Dos dezesseis sobreviventes do incêndio ocorrido no alojamento da categoria de base do Flamengo, treze conseguiram seguir a tão sonhada carreira de jogador dentro e fora do Brasil. Outros três jovens, o paulista Gabriel de Castro Ribeiro e os paranaenses João Vitor Gasparin e Naydjel Callebe Boroski Strohschein — que iniciou a faculdade de Educação Física em 2022 —, ainda seguem lutando por uma oportunidade.

Do grupo que enfrentou as chamas no contêiner incendiado, o meia Rayan Lucas de Souza, 19 anos, o goleiro Francisco Dyogo Bento Alves e o zagueiro Jhonata Ventura, ambos com 20 anos, foram os únicos que seguiram no Flamengo. No caso de Jhonata, ele foi contratado pelo clube, em 2023, como funcionário, não mais como jogador. Os outros fizeram novos voos, como o meia Felipe Cardoso, o Felipinho. Prestes a completar 21 anos, o atleta atua no Santa Cruz, o Cobra Coral de Pernambuco. Logo que deixou o Rubro-Negro, em 2020, aos 16 anos, Felipinho assinou o primeiro contrato como profissional. Na ocasião, foi sondado por vários clubes, entre eles o Fluminense, o Bahia e o Vasco, mas escolheu ir para o Red Bull Bragantino, no qual permaneceu na categoria sub-20 até 2022.

Em carta dedicada aos amigos mortos, Felipinho contou como se sentiu ao ser contratado pelo clube paulista após a tragédia.

Primeiro, lembrei da minha mãe. Quando eu passei no teste para jogar no Santos, com 9 anos, ela tinha acabado de abrir um salão de beleza em São Paulo. O sonho dela era ser cabeleireira. Mas ela largou tudo para ir morar comigo em Santos. Não é exagero: sem ela, eu não teria chegado até aqui. Depois, lembrei de toda minha família, que sempre acreditou em mim. Dos meus avós, que me apoiaram em todas as etapas, do meu pai, que jogava na várzea e me levava para assistir aos jogos dele. Por fim, lembrei de vocês, meus irmãos. Como vocês ficariam felizes quando recebessem minha mensagem no nosso grupo do WhatsApp contando a novidade: *Molecada, eu consegui!!!*

Com passagem pelo Palmeiras em 2020, onde jogou pelo sub-17 e pelo sub-20, o paranaense Pablo Ruan Messias Cardozo assinou contrato com o Atlético Mineiro em 2021, aos 18 anos. Atacante do sub-20 do Galo, ele permaneceu no clube mineiro até o primeiro semestre de 2023. Em seguida, foi contratado pelo Londrina Esporte Clube, o Tuba (Tubarão) do Paraná, onde fez sua estreia pelos profissionais. "Obstáculos? Existiram vários. Medo? Não, Deus está comigo", escreveu em seu Instagram.

Em 2021, o atacante Filipe Chrysman, o Filipão, atualmente com 22 anos, se mudou do Rio para Campinas, onde passou a jogar pelo Guarani, clube com uma das maiores torcidas do interior do país. O meia Caike Duarte da Silva assinou contrato com o XV de Piracicaba, sendo vendido, em 2023, para o Barra, de Santa Catarina. Desde que chegou ao clube, tem conseguido ajudar financeiramente a família em Americana (SP). Hoje está com 19 anos.

Após deixar o Flamengo, o atacante Wendel Gonçalves (Wendell), que também alcançou 19 anos, passou pelo Corinthians, de onde saiu em 2022, conseguindo, em seguida, uma vaga na categoria sub-17 do Internacional de Porto Alegre e, posteriormente, na sub-20. Com os primeiros salários de jogador, ele tirou os pais do aluguel em Diadema.

Cauan Emanuel Gomes Nunes é atacante do Fortaleza desde 2021, quando assinou contrato como profissional. No ano de chegada ao clube, o atleta fez onze gols pelo sub-17. Em março de 2022, aos 18 anos, ele se tornou pai de Theo, seu primeiro filho, por quem está completamente apaixonado. Desde então, passou a compreender melhor o sentimento das famílias dos jogadores que morreram no alojamento do Flamengo. No ano passado, o atleta disputou o Campeonato Brasileiro pelo sub-20.

Já o atacante Samuel Barbosa, do Piauí, joga pelo Guarulhos, time paulista da segunda divisão, desde 2023, ano em que completou 21 anos.

Jean Sales Freire, do Rio, que integrou o elenco rubro-negro campeão do Brasileirão 2019 na categoria sub-17, foi para o Alverca, clube de Portugal. Durante a temporada 2020/2021, na Europa, o atacante marcou oito gols pelo sub-19 e cinco pelo sub-21. Nas temporadas seguintes, foram mais treze gols entre 2021 e 2023. Hoje ele está com 21 anos.

O atacante mato-grossense Kennyd Lucas de Lima, 20 anos, foi emprestado pelo Goiás ao Futebol Clube do Porto, em Portugal, no qual permanece.

Kayque Campos, o Tocantins, é outro que está fazendo a carreira fora do Brasil. Em 2022, às vésperas de completar 19 anos, o ex-zagueiro do Flamengo foi contratado por cinco temporadas pelo Shabab Al-Ahli Dubai Club, time dos Emirados Árabes. Em maio de 2023, o defensor foi campeão na categoria sub-21 do UAE Pro League, campeonato emiradense de futebol. A equipe faturou o título pelo terceiro ano consecutivo. Em função do feito, Kayque — o jogador mais jovem em campo — e os colegas do elenco foram recebidos pessoalmente pelo *sheik* Mohammed bin Rashid Al Maktoum, primeiro-ministro do país do Oriente Médio. Em 2024, o atleta faz 21 anos.

    Voltar a jogar após a morte dos irmãos de ideal exigiu dos atletas a ressignificação da perda e do próprio futebol. Manter vivo o sonho com a bola, apesar do trauma, foi a forma que eles encontraram de reverenciar os que passaram por aqui. Mais do que um lema, "nós não esquecemos" é um compromisso com a memória de Athila, Arthur, Bernardo, Christian, Gedinho, Jorge Eduardo, Pablo Henrique, Rykelmo, Samuel Rosa e Vitor Isaias. Toda vez que entram em campo, os sobreviventes da tragédia carregam consigo a coragem dos Garotos do Ninho e a certeza de que sempre haverá um jogador a mais, o décimo segundo. Desde então, nunca mais se sentiram sozinhos.

Posfácio:
"Arritmia literária"

No fim de junho de 2023, em meio ao processo de escrita de *Longe do ninho*, recebi uma mensagem de voz da minha cardiologista. Eu estava na BR-040, em direção a Belo Horizonte, onde faria uma palestra para o Ministério Público de Minas Gerais. "Daniela, bom dia, estou com o seu Holter aqui em mãos e acusou uma pequena arritmia, sabe, mas não é nada preocupante e pode ter ligação com o estresse", disse a médica, cuidadosa, ao iniciar o contato.

    Antes de chegar ao fim da mensagem, na qual ela pedia que eu fosse ao seu consultório, meu coração já estava novamente acelerado. O fato é que o resultado do exame cardíaco era apenas a constatação do que eu já vinha sentindo, havia muitos meses, desde que iniciei a construção desta nova obra: "arritmia literária", termo com que batizei meu descompasso cardíaco. Não sei bem em que ponto da jornada meu coração passou a bater mais rápido. Algumas vezes, eu sentia até a minha respiração mudando de ritmo. Atribuí esses sintomas às questões emocionais que este trabalho vinha despertando em mim. Apesar da minha experiência em denúncias que envolvem a violação de direitos humanos e investigações de histórias que abalaram o país, era a primeira vez que eu escrevia sobre algo com o qual nunca tinha lidado: o futebol.

Não só isso. A proximidade da idade das vítimas com a do meu filho me colocou tão perto dos jogadores do Flamengo que passei a sentir ansiedade ao "vê-los" deixar o ninho. A todo momento, "olhava" para eles e pensava em como eu me sentiria se Diego saísse de casa aos 10 anos de idade em busca da realização de um sonho. Era tão inimaginável quanto doloroso para mim. Tentava compreender como esses garotos lidavam com seus medos e com a necessidade de acolhimento. Pensava no leite que Sara preparava para Pablo Henrique antes de ele dormir até o filho ir embora de casa aos 13 anos, no bife que Alba fazia para Jorge Eduardo toda vez que ele retornava para Além Paraíba, no sorriso sincero de Christian, o filho de quem Andreia se orgulhava tanto, e na tatuagem de Samuel Rosa, feita durante as férias em Minas Gerais, que Cristina não teve tempo de ver. Mesmo dizendo ao filho que aquilo "não era coisa de Deus", ela tinha vontade de saber qual símbolo ficara marcado na pele do atleta.

Tudo começou com Bernardo, o garoto de Indaial que atravessou meu caminho quase três anos depois de sua morte. Isso aconteceu precisamente no dia 16 de janeiro de 2022, quando Lêda, a mãe dele, me mandou uma mensagem por Instagram, após assistir a uma entrevista relacionada ao meu livro anterior, *Arrastados*, que retrata o rompimento da barragem de Brumadinho: "Estou assistindo ao *Fantástico* e gostei muito de suas colocações!!! Coincidentemente, ouvi falar de você faz umas duas semanas. [...] Sou mãe de um dos dez meninos que morreram no incêndio do CT do Flamengo... Li muito sobre o luto nesses três anos já!!! E comentaram sobre você..."

Emocionada com o contato daquela mãe, respondi na mesma noite. Era o mínimo que eu podia fazer: ser empática. Só depois da mensagem de Lêda é que me dei conta de que não sabia nada sobre os meninos que morreram no incêndio no alojamento do Ninho do Urubu, a começar pelo nome deles. Procurei informações sobre Bernardo, o Beno, filho de Lêda e Darlei e irmão mais novo de Murilo. Assim, a mãe do jogador e eu passamos a nos comunicar frequentemente. Naquele momento, eu me preparava para começar a apuração do meu novo trabalho literário. Faria um livro ligado à saúde mental, já que, em 2023, *Holocausto brasileiro*, minha obra de estreia na literatura, completaria dez anos.

Em fevereiro de 2022, Lêda, que havia retornado para a sala de aula após o fim do período de férias, me mandou um oi pelo WhatsApp. Retribuí o cumprimento com um áudio. Tempos depois, senti necessidade de conhecer melhor a vida dessa mãe. "Conversando com você, fiquei pensando que eu podia fazer alguma coisa por esta história. Vamos mantendo esse contato", eu disse, explicando, no entanto, que já estava comprometida com outro trabalho. Em seguida, Lêda me mandou nove fotos de Bernardo. Passamos a falar a respeito de filhos, de presença e ausência e, sobretudo, de amor. "Sempre apoiamos e incentivamos seu sonho!!!! E faria tudo novamente... Ele era muito feliz", escreveu ela.

Aos poucos, Bernardo foi ocupando espaço na memória do meu celular e nos meus pensamentos. No dia 5 de fevereiro de 2022, a mãe dele me mandou a imagem que mais me tocou: Bernardo dormia abraçado a uma bola de futebol. Mais tarde, soube que Lêda estivera no Rio no dia 8 de fevereiro de 2022, para participar de uma missa organizada pelo Flamengo em homenagem aos meninos do Ninho. Ela me contou como foi visitar a capela erguida no Centro de Treinamento em que o filho de 14 anos viveu os últimos dias de vida. Lêda me mandou também um vídeo do muro-homenagem localizado em frente ao Maracanã que exibia os retratos dos jogadores.

No dia 12 de fevereiro daquele ano, foi a minha vez de ir ao Rio. Tinha um encontro com os editores dos meus livros na Intrínseca, a minha casa editorial. Lá, comentei sobre minha troca de mensagens com Lêda. Eles ficaram comovidos e me encorajaram a escrever um livro a respeito do que aconteceu em 8 de fevereiro de 2019. "Você acha que consegue?", me perguntou o proprietário da editora, Jorge Oakim. "Sinceramente, não sei", respondi, embora já me sentisse inexplicavelmente ligada àquela história.

Depois disso, enviei uma mensagem de texto para a mãe do jogador de Santa Catarina: "Lêda, querida, me reuni ontem com a equipe da editora, no Rio. Vamos contar a história do Bernardo e dos outros meninos."

Ela reagiu positivamente. "Sério???? Me emocionei aqui. Às vezes, penso que não tenho mais lágrimas, mas o reservatório é bom!!!!", respondeu ao ouvir meu áudio. Expliquei de novo a ela que tinha um livro para fazer antes de investigar o que havia acontecido no CT do Flamengo e que seria um trabalho previsto para ser publicado em 2025. "Você me pegou pelo pé", disse a ela, por fim.

Os meses seguintes foram intensos para mim. Viajei muito reunindo informações sobre a protagonista do meu trabalho relacionado à loucura. Até que, inesperadamente, o projeto tomou outro rumo, e me vi diante da necessidade de adiá-lo. Logo tudo me pareceu óbvio. Meu tempo devia ser dedicado aos Garotos do Ninho. Sabia que eu precisava criar espaços dentro de mim em meio a tantas emoções que já tinha vivido até ali. Tinha que "abrir" lugar na minha rotina para outras vivências, desabitar-me para ser habitada pelo outro. Por mais que a gente pense que está pronta para mergulhar em uma nova narrativa, acaba descobrindo que, de fato, não está. Absorver tantos sentimentos, às vezes, nos consome e faz mudar o ritmo até de um músculo que parece oco, como o coração, mas que absorve as emoções do espírito. Além do mais, nunca é simples entrar em espaços sagrados como os da memória afetiva, os quais a gente só acessa se o outro consentir.

Redefinido o tema do novo livro, comecei o trabalho de programação das entrevistas. Queria ouvir as dez famílias, o que me levaria a cinco estados brasileiros. A primeira entrevista foi em Florianópolis. Conciliei minha ida à capital catarinense — onde eu daria a aula magna para o curso de Jornalismo da Universidade Federal de Santa Catarina — com a primeira visita à dona Jô, a avó de Vitor Isaias. Encontrei na pequena mulher uma gigante quando o assunto era o amor por um menino que só ela quis. Quando nasceu, Vitor, que inicialmente morava com a mãe biológica, era queimado com guimba de cigarro pelo namorado dela toda vez que chorava. Dona Jô passou a entrevista com uma toalha nas mãos enxugando as lágrimas que lavavam seu rosto.

Na segunda viagem, percorri quase 3 mil quilômetros de carro para estar com as famílias de Gedinho, Samuel Rosa, Christian, Rykelmo e Pablo Henrique. Mais tarde, visitei dona Jô novamente, conheci Lêda e Darlei pessoalmente, encerrando o primeiro ciclo de entrevistas com Marília, em Volta Redonda, e Alba, em Além Paraíba. Não pude ir ao Nordeste, à casa de José Damião e Diana, os pais de Athila, como eu gostaria. Nós nos falamos por telefone.

Enquanto os primeiros movimentos na direção dessa história começavam, as coisas foram mudando aqui em casa. Logo que cheguei do Sul do Brasil, Diego me pediu para ver as fotos dos jogadores do Ninho. Olhou, atentamente, cada álbum de fotografia que eu passei a guardar em meu celular. Primeiro, ele sentiu um pouco de ciúme.

— Mamãe, você tem mais fotos deles do que minha — comentou.

Mas ele continuou interessado em conhecer os meninos e, depois de alguns dias de silêncio sobre o assunto, veio conversar comigo.

— Estive pensando e acho que vou precisar ler esse livro — comentou ele do alto de seus 11 anos.

A mudança de postura do Diego continuou. Ele, que jamais se interessara por futebol, começou a praticar o esporte na escola. Tempos depois, passou a carregar a bola com ele para todos os lugares que ia. Um dia, entrei em seu quarto e vi uma chuteira que já não cabia nos pés dele "enfeitando" o nicho que antes era usado para colocar brinquedos. Diego estava criando a sua "galeria de futebol".

Quando montei vários croquis do alojamento do Flamengo em papel cartolina, para entender a dinâmica do incêndio e reconstituir a movimentação dos atletas nos módulos operacionais em contêineres, meu filho se interessou em entender o que havia se passado lá dentro.

— Que desenhos são esses, mamãe?

— É do lugar onde os meninos dormiam.

— E quem é esse aqui?

— O Gedinho, filho.

— Ele morreu, não é?

— Sim.

— Que pena, mamãe! Ele estava tão perto da saída — lamentou, me abraçando.

Uma noite, ele me ouviu conversando com meu marido sobre a descoberta de que oito dos dez atletas que faleceram no Ninho do Urubu tentaram fugir do contêiner em chamas.

— Não sei como vou contar isso aos pais. Eles pensam que os filhos morreram dormindo.

— Mamãe — disse Diego, entrando na conversa. — Você sempre me diz que a gente tem que falar a verdade. Eles vão entender.

No dia 18 de dezembro de 2022, na final da Copa do Mundo, quando a Argentina venceu a França nos pênaltis, Diego e eu assistimos à partida juntos. Toda vez que olhava para o Messi, me lembrava de Gedinho, o nosso Mini Messi. Quando a Argentina se sagrou campeã do mundo, eu mandei uma mensagem para Gedson. "Lembrei muito do seu menino hoje neste jogo. O seu Mini Messi. Abraço fraterno pra vocês." "Nós também", me respondeu ele um minuto depois. "Que falta faz."

Não sei em que momento Diego, já com 12 anos e ainda acompanhando a preparação deste livro, me disse que queria ser jogador de futebol.

— Filho, olhe os meninos do Ninho. Eles começaram a jogar aos 6 anos de idade. Dedicaram a infância e a adolescência ao futebol. Você já está com 12 anos — respondi, tentando mostrar a ele que aquela ideia não fazia sentido.

Ele me enquadrou:

— Mamãe, você está sendo contraditória. Não vive dizendo que a gente pode ser o que quiser e que deve escolher o caminho que nos faça feliz? Então, você está destruindo minha autoestima.

Em que momento esse menino aprendeu a falar essas coisas? Fiquei sem reação. Hoje, às vésperas de completar 13 anos, continua conversando sobre ser jogador, mas incluiu em seu repertório de ideias para o futuro a arquitetura e a ortopedia.

★

O fato é que o *Longe do ninho* provocou enormes mudanças em nossa vida. Diego passou a admirar o futebol e eu tive a chance de "voltar para casa". Dividindo a escrita entre o meu pequeno escritório e o apartamento da Rose e do José Dominato, casal que gentilmente cedeu seu imóvel para que eu pudesse ter mais espaço para manusear as quase 10 mil páginas de documentos que reuni neste livro, me vi passando um tempo maior com minha mãe, já que ela e Rose são amigas e vizinhas de porta. Na última década, eu estive constantemente correndo, quase de passagem. Ao me tornar "moradora" temporária do prédio Bossa Nova, onde escrevi a maior parte deste livro, nós duas nos reconectamos.

Minha mãe sempre foi a melhor *chef* de cozinha que conheci. *Expert* na arte de transformar ingredientes em afeto, ela me deu a chance de sentir os sabores da minha infância e juventude. Assim, passei a escrever em meio a almoços saborosos, abraços e lanches feitos por ela com geleias caseiras, patês, quibes, pão de queijo, cafés e cappuccinos. Os meses que passamos juntas fizeram com que ela entendesse melhor meu período de ausências e eu compreendesse as lutas que ela travava. Com a morte do meu irmão Sandro, em 2021, que faleceu em consequência da covid-19, minha mãe precisou se reinventar. Tornou-se incansável na tarefa de recomeçar. Por ser uma mãe enlutada, ela entende a dor das mães do Ninho. Com essas mulheres fortes, eu procuro aprender a exercitar minha humanidade através da escuta. Diferentemente do futebol, o esporte coletivo mais popular do planeta, o caminho para o coração do outro é individual e sem regras definidas.

Um dia minha mãe me perguntou por que trato de temas tão dolorosos em meus livros. Respondi que, na verdade, não escolho escrever sobre tragédias, mas sobre as omissões que causam tragédias, para que elas não se repitam. Afinal, se uma história não é contada, é como se ela não tivesse existido.

Personagens*

Adilson, engenheiro eletricista ligado à CBI Instalações, que fez a instalação elétrica do Ninho do Urubu

Adriana Gasparin Torrezan, mãe de **GASPARIN**

Afonso, sobrinho de **Cristina**, mãe de **SAMUEL ROSA**

Aiglê Cavalca Knack, diretora da empresa em que trabalha **Darlei**, pai de **BERNARDO**

Airá Ilu-Aiê Ferraz D'Almeida (Airá Ocrespo), grafiteiro que assina o memorial na avenida Radial Oeste, no Rio de Janeiro, em homenagem aos jogadores que perderam a vida no incêndio

---

* Esta listagem contém a maioria dos nomes das pessoas mencionadas neste livro. As profissões, as funções ou os cargos assumidos por elas nas empresas, nas entidades, nas agremiações ou nos órgãos citados são informações referentes a 2019, ano em que o Centro de Treinamento George Helal (CT), conhecido como Ninho do Urubu, pegou fogo. Em alguns casos, apesar dos esforços, não foi possível identificar o sobrenome da pessoa citada.

Alba Valéria dos Santos Pereira, mãe de **JORGE EDUARDO** e de **Carlos Augusto**

Alberi Paulo Knack, marido de **Aiglê**, diretora da empresa em que trabalha **Darlei**, pai de **BERNARDO**

Alessandro, irmão criado como filho por **Andreia**, mãe de **CHRISTIAN** e de **Cristiano Júnior**

Alexandre Wrobel, vice-presidente de Patrimônio do Flamengo

Amaro Coelho Júnior, perito criminal do Instituto de Criminalística Carlos Éboli

Anderson, piloto para o qual Darlei telefona

André Galdeano, gerente jurídico do Flamengo

André, primo de **PABLO HENRIQUE**

Andreia Pinto Candido, mãe de **CHRISTIAN** e de **Cristiano Júnior**

Aninha, irmã de **Sara**, mãe de **PABLO HENRIQUE**

Anna Julya, namorada de **CHRISTIAN**

Antônio Alcides Pinheiro da Silva Freire, presidente do Conselho Deliberativo do Flamengo

Antonio Márcio Mongelli Garotti, diretor de Meios do Flamengo

Antônio, segundo marido de **Dona Jô**, avó de **VITOR ISAIAS**

Arthur Antunes Coimbra (Zico), dirigente desportivo, ex-treinador e ex-jogador de futebol

ARTHUR VINÍCIUS DE BARROS SILVA, oriundo de Volta Redonda (RJ), zagueiro da categoria de base do Flamengo

ATHILA DE SOUZA PAIXÃO, oriundo de Lagarto (SE), jogador da categoria de base do Flamengo

Benedito Ferreira, auxiliar de segurança do Ninho do Urubu

Benjamin, adotado por **Jackson,** tio de **VITOR ISAIAS**

Benno Becker Júnior, organizador do livro *Psicologia aplicada à criança no esporte*

Bernardo Accioly, diretor jurídico do Flamengo

BERNARDO AUGUSTO MANZKE PISETTA (BENO), oriundo de Indaial (SC), goleiro da categoria de base do Flamengo

Beto Mendes, ex-jogador profissional, gerenciou a carreira de **WENDELL**

Cacilda, mãe de **Marília** e avó de **ARTHUR**

CAIKE DUARTE PEREIRA DA SILVA, oriundo de Americana (SP), jogador da categoria de base do Flamengo

Carla Boroski Strohschein, mãe de **NAYDJEL** e de **Cynthia**

Carlinhos, vizinho dos pais de **WENDELL** e **Weverton**

Carlos Eduardo Mesquita, perito criminal do Instituto de Criminalística Carlos Éboli

Carlos Renato Mamede Noval, diretor do futebol de base do Flamengo até março de 2018

CAUAN EMANUEL GOMES NUNES, oriundo de Maracanaú (CE), atacante da categoria de base do Flamengo

Celso Marques, diretor de escolinha de futebol, primeiro treinador de **VITOR ISAIAS**

Cesar Guimarães, perito criminal do Instituto de Criminalística Carlos Éboli

CHRISTIAN ESMÉRIO CANDIDO, oriundo do Rio de Janeiro (RJ), goleiro da categoria de base do Flamengo

Cláudia Pereira Rodrigues, diretora administrativa e comercial da Novo Horizonte Jacarepaguá Importação e Exportação Ltda.

Cláudio Castro, vice-governador do Rio de Janeiro

Claudio Pracownik, vice-presidente de Finanças e Administração do Flamengo

Cleuta, irmã de **Fernanda,** mãe de **WENDELL** e **Weverton**

Cleyton, amigo dos pais de **CHRISTIAN**

Coxa, um dos parceiros de **Gabriel Eleno Conceição** na composição de "Dez estrelas a brilhar"

Cristiano Esmério de Oliveira, pai de **CHRISTIAN** e de **Cristiano Júnior**

Cristiano Roque Antunes Barreira, um dos autores da pesquisa "Atletas de base do futebol: a experiência de viver em alojamento", publicada em 2014 no periódico *Psico-USF*, vinculado ao Programa de Pós-Graduação Stricto Sensu em Psicologia da Universidade São Francisco (SP)

Cristina de Souza Rosa, mãe de **SAMUEL ROSA**

Cynthia, irmã de **NAYDJEL**

Daniele da Silva, auxiliar de serviços gerais do Ninho do Urubu

Danilo da Silva Duarte, engenheiro de produção da Novo Horizonte Jacarepaguá Importação e Exportação Ltda.

Darlei Constante Pisetta, pai de **BERNARDO** e de **Murilo**

Décio Luiz Alonso Gomes, promotor de justiça membro do Grupo de Atuação Especializada do Desporto e Defesa do Torcedor

Diana de Souza, mãe de **ATHILA**

Dona Antônia Pereira de Moura e Silva, mãe de **Washington** e avó de **SAMUEL BARBOSA**

Douglas Henaut, tenente-coronel do Corpo de Bombeiros Militar do Estado do Rio de Janeiro

Douglas Lins de Albuquerque, funcionário do Flamengo

Edimar de Freitas Pereira, pai de **ARTHUR**

Edson Arantes do Nascimento (Pelé), maior jogador de futebol de todos os tempos

Edson Colman da Silva, proprietário da Colman Refrigeração, que prestava serviços de reparo em ares condicionados, freezers e geladeiras do Flamengo

Eduardo Carvalho Bandeira de Mello, presidente do Flamengo por dois mandatos consecutivos, até 19 de dezembro de 2018

Eleno Gabriel da Conceição (Leco), compositor, pai de **Gabriel Eleno Conceição**

Eli Sidnei Torrezan, pai de **GASPARIN**

Elon Musk, bilionário naturalizado norte-americano

Elton John, preparador de **BERNARDO**

Fábio Hilário da Silva, engenheiro elétrico da Novo Horizonte Jacarepaguá Importação e Exportação Ltda.

FELIPE CARDOSO (FELIPINHO), jogador da categoria de base do Flamengo

Felipe, sobrinho de **Cristina**, mãe de **SAMUEL ROSA**

Fernanda Alves Silva, mãe de **WENDELL** e de **Weverton**

FILIPE CHRYSMAN DE FIGUEIREDO LIMA (FILIPÃO), oriundo de Araçaí (MG), jogador da categoria de base do Flamengo

Flávio Fachel, apresentador do telejornal *Bom Dia Rio*, da TV Globo

Francisca das Chagas Costa, mãe de **SAMUEL BARBOSA**

FRANCISCO DYOGO BENTO ALVES, oriundo do Ceará, jogador da categoria de base do Flamengo

Frederico Luz, CEO do Flamengo

GABRIEL DE CASTRO RIBEIRO, oriundo de Franca (SP), estava em fase de teste para se tornar jogador da categoria de base do Flamengo

Gabriel Eleno Conceição, um dos autores da letra da canção "Dez estrelas a brilhar"

Gabriela Espinhoza, assistente social do Flamengo

Gabriela Graça, triatleta, médica-legista, diretora do Instituto Médico Legal Afrânio Peixoto, mãe de **Miguel** e **Raquel**

Gael, irmão de **GEDINHO** nascido em 2019 após o incêndio

GEDSON BELTRÃO DOS SANTOS CORGOSINHO (GEDINHO, MINI MESSI, NOVO MESSI), oriundo de Itararé (SP), jogador da categoria de base do Flamengo

Gedson Fabio Beltrão dos Santos, pai de **GEDINHO** e de **Geraldo**

George Helal, norte-americano naturalizado brasileiro dirigente do Flamengo

Geraldo, irmão de **GEDINHO**

Giovanna Pereira Ottoni, uma das autoras da pesquisa "Atletas de base do futebol: a experiência de viver em alojamento", publicada em 2014 no periódico *Psico-USF*, vinculado ao Programa de Pós-Graduação Stricto Sensu em Psicologia da Universidade São Francisco (SP)

Guilherme Peixoto, repórter do telejornal *Bom Dia Rio,* da TV Globo

Guilherme, amigo de **JORGE EDUARDO**

Horst Eralfo Manzke, pai de **Lêda** e avô de **BERNARDO**

Jackson, tio de **VITOR ISAIAS**

Janaína Morikawa, mãe de **Kenzo**

JEAN SALES DE SOUZA FREIRE, oriundo do Rio de Janeiro (RJ), jogador da categoria de base do Flamengo

Jeferson, dono da pensão em que **PABLO HENRIQUE** se hospedou no Rio de Janeiro

JHONATA CRUZ VENTURA, oriundo de Vitória, jogador da categoria de base do Flamengo

João Marcelo Amorim, ortopedista dos jogadores da categoria de base do Flamengo

JOÃO VITOR GASPARIN TORREZAN, oriundo de Curitiba, jogador da categoria de base do Flamengo

JORGE EDUARDO DOS SANTOS PEREIRA DIAS SACRAMENTO (JORGINHO), oriundo de Além Paraíba (MG), volante da categoria de base do Flamengo

José Augusto Lopes Bezerra, representante da Nexa Energia Serviços de Eletricidade Ltda.

José Bastos Padilha, presidente do Flamengo na década de 1930

José Damião dos Santos Paixão, pai de **ATHILA**

José Joaquim Rosa, pai de **SAMUEL ROSA**

José Lopes Viana, ex-marido de **Rosana** e pai de **RYKELMO**

Josete Ita Valda Adão (Dona Jô), avó de **VITOR ISAIAS**, criado por ela

Júlio, funcionário da ótica Stilo, em Limeira (SP)

Júnior, amigo da família de **JORGE EDUARDO**

Kaleo, filho de **Murilo**, irmão de **BERNARDO**

KAYQUE SOARES CAMPOS (TOCANTINS), oriundo de Formoso do Araguaia (TO), jogador da categoria de base do Flamengo

KENNYD LUCAS RODRIGUES DE LIMA, oriundo de Cuiabá (MT), jogador da categoria de base do Flamengo

Kenzo Fernandes Morikawa, amigo de **VITOR ISAIAS**

Leandro Canavarro, um dos parceiros de **Gabriel Eleno Conceição** na composição de "Dez estrelas a brilhar"

Lêda Raquel Manzke Pisetta, mãe de **BERNARDO** e de **Murilo**

Léo Stival, filho de **Rafael Stival,** dirigente do Trieste Futebol Clube, de Curitiba

Leonardo de Macedo Caldas Mendonça, titular da 5ª Gerência Regional de Licenciamento e Fiscalização

Leonel Messi, jogador argentino de futebol

Liana, capitã da Unidade de Suporte Básico 202

Liu Tsun Yaei, chefe do Serviço de Perícias de Engenharia do Instituto de Criminalística Carlos Éboli

Lucca, jogador que atuou com **GEDINHO** em Curitiba

Luciana Pires, médica-legista, vice-diretora do Instituto Médico Legal Afrânio Peixoto

Luciano, irmão de **Wanderlei** e tio de **JORGE EDUARDO**

Luiz Felipe Almeida Pondé, engenheiro da Diretoria de Patrimônio do Flamengo

Luiz Humberto Costa Tavares, gerente de Administração do Flamengo

Luiz Rodolfo Landim Machado, engenheiro, empresário e dirigente esportivo. O segundo mandato de Landim à frente da presidência do Flamengo foi iniciado em dezembro de 2021

Luizão, policial, funcionário do Instituto Médico-Legal Afrânio Peixoto

Manoel Francisco dos Santos (Garrincha), jogador de futebol

Manoel, pai de **Marília** e avô de **ARTHUR**

Manuel Gonçalves da Silva, pai de **WENDELL** e de **Weverton**

Marcel Laguna Duque Estrada, juiz da 36ª Vara Criminal do Rio de Janeiro

Marcelo Helman, diretor executivo de Administração do Flamengo

Marcelo Maia de Sá, diretor adjunto de Patrimônio do Flamengo

Marcelo Roriz, papiloscopista do Instituto Médico Legal Afrânio Peixoto

Márcio Petra de Mello, delegado titular da 42ª Delegacia de Polícia

Marcos Augusto Ramos Peixoto, juiz da 37ª Vara Criminal do Rio de Janeiro

Marcos Nascimento de Paula, sargento do 31º Batalhão de Polícia Militar

Marcos Paulo Salles Machado (Kiko), odontologista forense do Instituto Médico Legal Afrânio Peixoto

Marcus Vinícius Braga, primeiro-secretário da Polícia Civil do Rio de Janeiro

Marcus Vinícius Medeiros, monitor do Ninho do Urubu

Maria Cícera de Barros, funcionária da lavanderia do Ninho do Urubu

Maria de Fátima Brito, fiscal de atividades econômicas da Secretaria Municipal de Fazenda

Marília de Barros Silva, mãe de **ARTHUR**

Mário Evilásio da Silva (Marinho), treinador da escolinha particular frequentada por **BERNARDO** em Indaial (SC)

Mário Jorge Lobo Zagallo, jogador de futebol e treinador

Maxwell Tostes, técnico em necropsia do Instituto Médico Legal Afrânio Peixoto

Michelle Rizkalla, psicóloga da categoria sub-20 do Flamengo até 2022

Miguel, filho da médica-legista **Gabriela Graça**

Miguel, irmão de **Rosana** e tio de **RYKELMO**

Miltinho, tio de **SAMUEL ROSA**

Mirna, irmã de **Sebastião** e de **Cristina,** mãe de **SAMUEL ROSA**

Murilo, irmão de **BERNARDO**

Mycael Pontes Moreira, goleiro oriundo de Porto Velho (RO) acolhido pela família de **BERNARDO**

Nádia Sad Abrahão, delegada, pós-graduada em Antropologia Forense, diretora do Departamento Geral de Polícia Técnico-Científica do Rio de Janeiro

Nathan Silva, jogador profissional, sobrinho de **Sara,** irmão de **Werley** e primo de **PABLO HENRIQUE**

NAYDJEL CALLEBE BOROSKI STROHSCHEIN, oriundo de Marechal Cândido Rondon (PR), volante da categoria de base do Flamengo

Neymar da Silva Santos Júnior, jogador de futebol

Nilson Strohschein, pai de **NAYDJEL** e de **Cynthia**

Olinda Lanznaster Manzke, avó de **BERNARDO** e de **Murilo**

Olindo Menezes, desembargador da 6ª Turma do Superior Tribunal de Justiça

PABLO HENRIQUE DA SILVA MATOS (PH, TETÉ, NEM), oriundo de Oliveira (MG), zagueiro da categoria de base do Flamengo

PABLO RUAN MESSIAS CARDOZO, oriundo de Londrina (PR), jogador da categoria de base do Flamengo

Pâmela, irmã de **PABLO HENRIQUE**

Patrícia Amorim, primeira mulher a ocupar a presidência do Flamengo, no triênio 2010/2012

Paulo, gerente de posto de gasolina, chefe de **Andreia**

Pedro Rubim Borges Fortes, promotor de justiça do Grupo de Atuação Especializada do Desporto e Defesa do Torcedor

Rafael Stival, dirigente do Trieste Futebol Clube, em Curitiba, pai de **Léo Stival**

Raquel, filha da médica-legista **Gabriela Graça**

RAYAN LUCAS MARQUES DE SOUZA, oriundo da cidade do Rio de Janeiro (RJ), jogador da categoria de base do Flamengo

Renato Bichara, perito criminal do Instituto de Criminalística Carlos Éboli

Renato Soares Coutinho, professor do programa de Pós-graduação de História do Brasil Republicano pela Universidade Federal Fluminense (UFF) e autor do livro *Um Flamengo grande, um Brasil maior*

Ricardo de Souza Ribeiro, pai de **GABRIEL**

Roberta Tannure, gerente de Recursos Humanos do Flamengo

Rodrigo de Oliveira, subtenente do 31º Batalhão de Polícia Militar

Rodrigo Dunshee de Abranches, vice-presidente eleito do Flamengo para o triênio 2019/2021

Rodrigo Salomão, um dos autores da pesquisa "Atletas de base do futebol: a experiência de viver em alojamento", publicada em 2014 no periódico *Psico-USF*, vinculado ao Programa de Pós-Graduação Stricto Sensu em Psicologia da Universidade São Francisco (SP)

Romário de Souza Faria, ex-jogador de futebol, senador do Brasil

Ronaldo Luís Nazário de Lima, empresário e ex-jogador de futebol

Rosana de Souza, mãe de **Camila**, de **RYKELMO** e de **Natália**

Rubens Casara, pesquisador, jurista e psicanalista, autor do livro *Contra a miséria neoliberal*

Rubens Ghidini, técnico em necropsia do Instituto Médico Legal Afrânio Peixoto

RYKELMO DE SOUZA VIANA (BOLÍVIA), oriundo de Limeira (SP), volante da categoria de base do Flamengo

Samuca Silva, prefeito de Volta Redonda (RJ)

SAMUEL BARBOSA COSTA, oriundo de Teresina e radicado no Rio, atacante da categoria de base do Flamengo

SAMUEL THOMAS DE SOUZA ROSA, oriundo de São João de Meriti (RJ), lateral da categoria de base do Flamengo

Sara Cristina da Silva Matos, mãe de **PABLO HENRIQUE** e **Pâmela**

Sebastião, irmão de **Cristina**, mãe de **SAMUEL ROSA**

Selma Sallenave, diretora do Instituto de Pesquisa e Perícia em Genética Forense

Sérgio Morikawa, pai de **Kenzo**

Sócrates Brasileiro Sampaio de Souza Vieira de Oliveira, jogador de futebol, treinador e médico

Tatiana Laura de Castro Ribeiro, mãe de **GABRIEL**

Teresa Cristina Corgosinho Beltrão dos Santos, mãe de **GEDINHO** e de **Geraldo**

Theo, filho de **CAUAN EMANUEL** nascido em março de 2022

Vanderlei Luxemburgo, técnico do Flamengo

Vanderlei Nogueira, empresário que recebeu **CAUAN EMANUEL** no Rio de Janeiro

Vavá, espécie de olheiro amigo da família de **RYKELMO**

Victor Augusto Louro Berbara, médico do grupo de Apoio Técnico Especializado do Ministério Público do Rio de Janeiro

Victor Satiro, perito criminal do Instituto de Criminalística Carlos Éboli

Vilmar Campana, técnico dedicado à formação de atletas, treinou **Kenzo** e **VITOR ISAIAS**

Vinicius Júnior (Vini Jr.), jogador de futebol

VITOR ISAIAS COLEHO DA SILVA (NEGÃO), oriundo de São José, município da Grande Florianópolis, jogador da categoria de base do Flamengo

Vitor Zanelli Albuquerque, vice-presidente do futebol de base do Flamengo

Vitória, namorada de **RYKELMO**

Waldyr Oliveira, diretor do Instituto de Criminalística Carlos Éboli

Wanderlei Dias Sacramento, pai de **JORGE EDUARDO** e de **Carlos Augusto**

Washington Luís Barbosa, pai de **SAMUEL BARBOSA**

Wedson Candido de Matos, pai de **PABLO HENRIQUE** e **Pâmela**

WENDEL ALVES GONÇALVES (WENDELL), oriundo de Diadema (SP), jogador da categoria de base do Flamengo

Werley, jogador profissional, sobrinho de **Sara**, irmão de **Nathan Silva** e primo de **PABLO HENRIQUE**

Weslley Gimenes, engenheiro civil da Novo Horizonte Jacarepaguá Importação e Exportação Ltda.

Weverton, irmão de **WENDELL**

Wilson Vicente Pereira, funcionário do Departamento de Pessoal do Flamengo

Wilson Witzel, governador do estado do Rio de Janeiro

Agradecimentos

A Deus, causa primária de todas as coisas.

Ao meu filho, Diego, a melhor parte de mim.

Ao meu marido, Marco, por tudo de bonito que construímos juntos.

A minha mãe, Sônia, amor em forma de gente.

Ao meu padrasto, Domingues, pelo abraço que conforta.

Ao meu pai, José, pela retidão.

Aos familiares das vítimas do Ninho do Urubu,
por me deixarem acessar suas memórias afetivas.

Aos atletas sobreviventes, pela coragem e pela partilha.

Aos amigos e amigas da Editora Intrínseca,
por tamanha parceria neste que talvez tenha sido
um de nossos projetos mais desafiadores. Nenhum de nós
estava preparado para isso.

Ao jornalista Humberto de Campos,
pela inspiração e proteção permanentes.

A dona Isabel Salomão de Campos, por ser um farol
que ilumina o meu caminho e o de todas as pessoas que
dela se aproximam.

À jornalista e editora Denise Gonçalves, pelos quase
30 anos de trabalho juntas e por sua imprescindível parceria
em mais um livro.

1ª edição	Fevereiro de 2024
Impressão	Lis Gráfica
Papel de capa	Cartão Supremo Alta Alvura 250g/m²
Papel de miolo	Lux Cream 60g/m²
Tipografias	Brasilica, Industry & Stratos